テレワーク本質論

企業・働く人・社会が幸せであり続ける「日本型テレワーク」のあり方

田澤由利
TAZAWA YURI

幻冬舎MC

はじめに

2020年、新型コロナウイルスの「感染防止」という目的で、多くの日本企業が「テレワーク」を実施しました。30年近くテレワークの推進をしてきた私は、ようやく日本の働き方が大きく前進するときが来たと感じました。しかし、本来の目的とは異なる「緊急対策」という形で実施されたテレワークは、多くの企業にメリットを実感させるとともに、さまざまな課題を浮き彫りにしたのです。コミュニケーションが取りにくい、マネジメントができない、社員の生産性が下がる……。これらの課題を目の当たりにし「弊社にはテレワークは難しい」と判断した企業も少なくありません。事実、感染リスクが低くなると、多くの企業がテレワークをやめて「出社」に戻っています。一方で、テレワークのメリットを実感し課題を克服できた企業は、さらにテレワークを推し進め、生産性を高め、優秀な人材を確保していくことになるでしょう。

このままでは、働く人の「働き方格差」、企業の「人材確保格差」、そして地方の「地域格差」がさらに広がります。テレワークを「感染防止のためだけの在宅勤務」で終わらせてしまうことは、日本の企業における生産性向上、人材確保、危機管理対策など、ポストコロナ時代を生き抜くための武器を捨てるようなものです。

今、日本のテレワークは岐路に立っています。

「テレワークの本質とは何か」に向き合う時期が来たのだと感じ、本書を執筆することを決意しました。本書は、日本の企業・働く人、そして社会が、テレワークにより、さまざまな課題を克服していくために、その課題に向き合い（第1章）、基本知識を得て（第2章）、正しい考え方で（第3章）、具体的な実践をし（第4章・第5章）、ポストコロナ時代に備える（第6章）ことを目的としています。

テレワークの本質

人は、「幸せに生きる」ために働きます。「生きる糧」を得るのは、すべての生き物の宿命であり、その行為が「働く」であると考えます。「生きる」と「働く」は、常に一体です。狩猟や農耕の時代は、自分や家族のための「働く」でした。しかし、「生きる糧」を分担・交換等で得られるようになり、「働く」は進化しました。現在は人々が力と知恵を結集し、新しい技術、文化、モノコトを生み出すために「働く」段階です。

ただし、協力して「働く」ためには、「場所」と「時間」を同じにする必要がありました。より良い仕事、より良い生活を求め、人々は同じ場所で、同じ時間に働いてきました。その場所は、日本では「会社」と呼ばれ、「会う社（やしろ）」と書きます。会社は都市に集まり、相互作用で経済活動が活発化し、人々の生活は便利になりました。

一方で、弊害も生じました。人々が「仕事」を求めて都市に集まった結果、交通渋滞、環境汚染、物価高騰、待機児童、地方衰退、災害拡大など、さまざまな社会問題が発生したのです。

少子高齢化が深刻化し、働く人が少なくなる日本。

子育てや親の介護、仕事との両立、延びる平均寿命、頻発する災害……。

同じ場所、同じ時間に「働く」ことが、肉体的・精神的にも負担になる時代がやって来ています。

思い出してください。人は「幸せに生きる」ために働いてきました。働くことで、幸せに生きられなくなってしまっては、本末転倒です。

デジタル化が進み、ＩＣＴ（情報通信技術）が進化した今、必ずしも同じ場所で、同じ時間に働く必要はなくなりました。特にコロナ禍では多くの人がこのことを実感したはずです。

テレワークは、働く「場所」と「時間」の呪縛から、人々を解放します。

「幸せに生きる」ために、自ら働く「場所」と「時間」を選択することができます。

しかし単に、異なる場所で、異なる時間に、個々で、仕事をすればよいのではありません。これまでと同様に人々が力と知恵を結集し、新しい技術、文化、モノコトを生み出せる働き方であることが大前提です。そのためには、日本の課題に向き合い、未来を見据え、日本のテレワークがどうあるべきかをしっかりと定め、欧米の真似ではない「日本型テレワーク」を推進する必要があります。

日本が「幸せに生きる」ために不可欠な「働き方」、それが、「テレワーク」です。

テレワークの本質は、企業が、働く人が、そして社会が「幸せになる」こと、そして「幸せであり続けること」にあると、私は考えます。

テレワーク本質論　企業・働く人・社会が幸せであり続ける「日本型テレワーク」のあり方　目次

［第4章］　テレワークでのコミュニケーション実践のポイント

［第6章］テレワークが当たり前になる社会へ

日本型テレワークが企業・働く人・社会全体のウェルビーイングを実現する

［第1章］

コミュニケーションが取れない、マネジメントができない、生産性が上がらない……間違いだらけのテレワーク

コロナ禍のテレワークは緊急対策

新型コロナウイルス感染拡大防止のため、テレワークは一気に広がりました。それまでテレワークを導入している企業の割合は20％程度だったのが、2020年9月頃には47・5％、導入予定も含めれば6割近くまで増えました（総務省 令和2年通信利用動向調査）。

コロナ前とコロナ禍ではテレワークの内容も変わっています。以前はテレワークといっても「モバイルワーク」が多かったのですが、令和2年では「在宅勤務」が9割近くを占めています。モバイルワークとは、ノートパソコンやタブレット端末などを使って、移動中や外出先から社内のデータにアクセスし、仕事をするという形態です。コロナ前は、モバイルワークは認めても「在宅勤務」は考えていなかった企業が、感染拡大防止の観点から一斉に「在宅勤務」を実施しました。

産業別で見ると、情報通信業だけでなく全体的に導入が進んでいます。これまでテレワークは難しいと考えられていた運輸業・郵便業や小売業、サービス業なども、全員は無

［図表1］　テレワークの導入状況

企業におけるテレワークの導入が急速に進み、導入企業の割合は倍以上上昇した。
今後導入予定がある企業を含めた割合は、6割近くに達している。

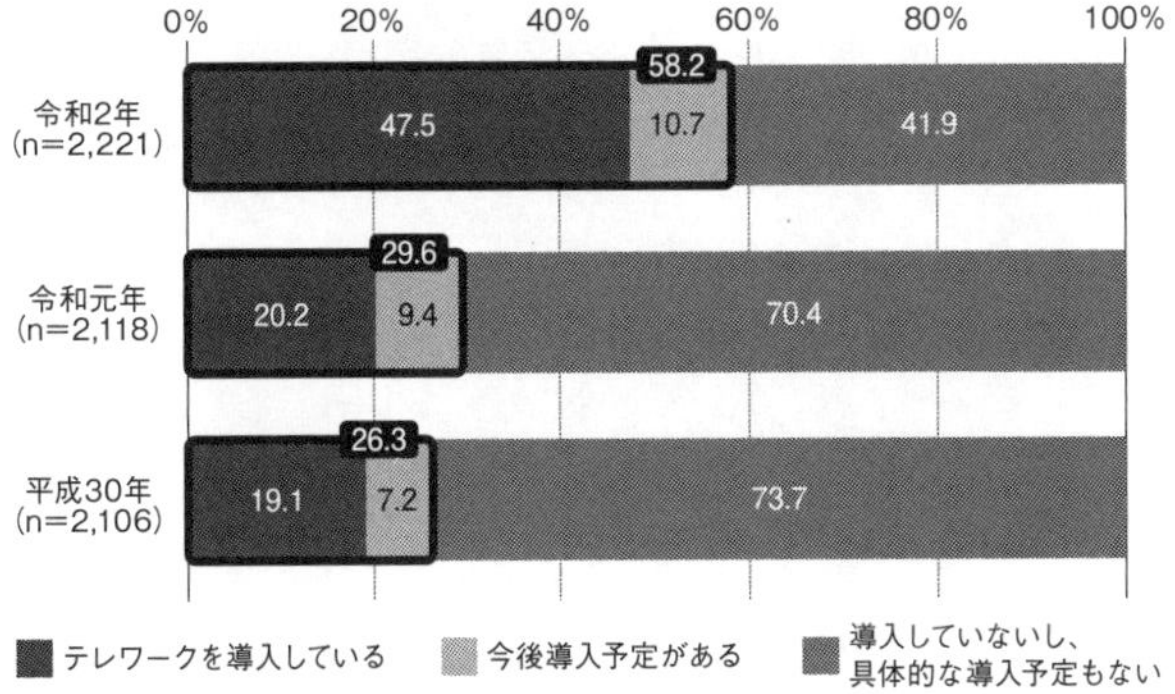

［図表2］　テレワークの導入形態

9割近くの企業が在宅勤務を導入している。

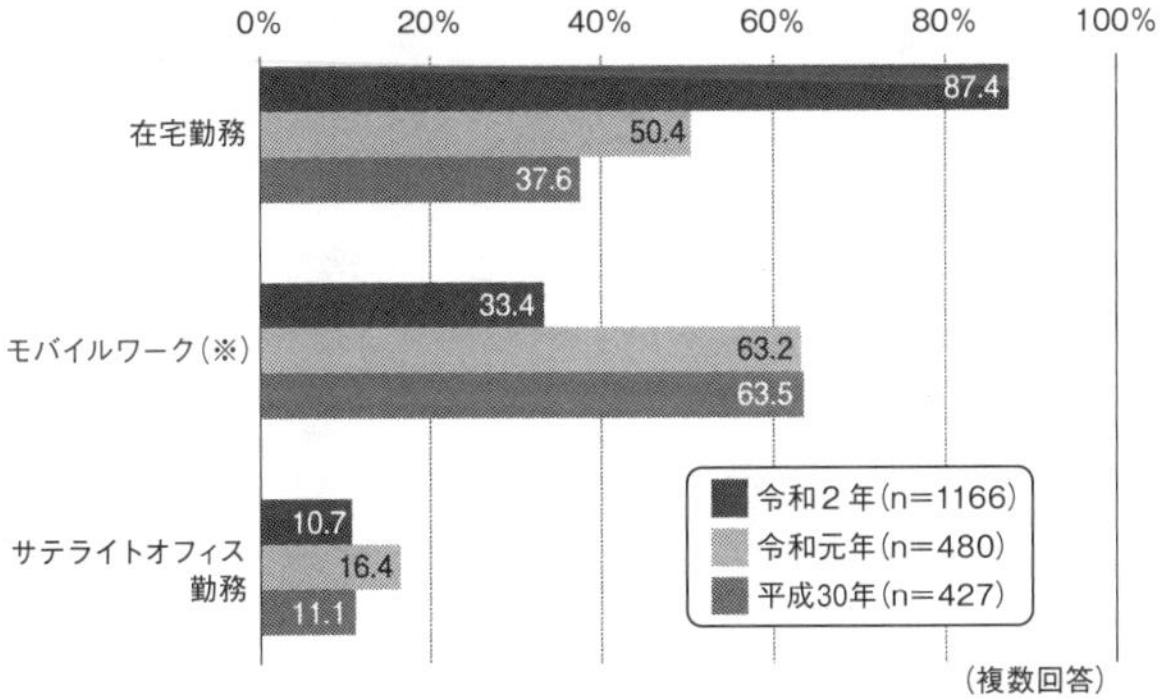

(複数回答)
テレワーク導入企業に占める割合

※モバイルワークとは、営業活動などで外出中に作業する場合。移動中の交通機関やカフェでメールや日報作成などの業務を行う形態も含む。

出典：総務省 令和２年通信利用動向調査

理であっても一部で取り入れるようになっています。

また、私が注目したのは「テレワークを利用する従業員の割合」です。8割以上の従業員がテレワークをしているという企業は、コロナ前は1・6%に過ぎませんでした。それが令和2年のデータでは6・7%に増加。これは驚くべき変化です。かつては育児中の人などに限定されていたテレワークの対象者が「働く人」全体になることで、テレワークのメリットが「福利厚生」ではなく、「生産性向上」や「人材確保」「危機管理」などに、大きく広がるポイントとなるからです。

しかし、だからといって、これらの数字を見て「テレワークが日本に普及した」と、安心しきってしまってはいけません。この数字はあくまでも、「コロナ禍」における数値です。

急速過ぎる拡大は、「準備不足」「やむを得ず」のテレワークであることも多く、さまざまな課題が浮き彫りになってきました。これらの課題に向き合い、解決しないと、コロナ収束後には元に戻る可能性があることを、忘れてはいけません。

[図表3]　産業別テレワークの導入状況

全産業で導入する割合が大きく伸びており、特に「情報通信業」が9割以上導入しているほか、「不動産業」や「金融・保険業」においても7割近くが導入している。

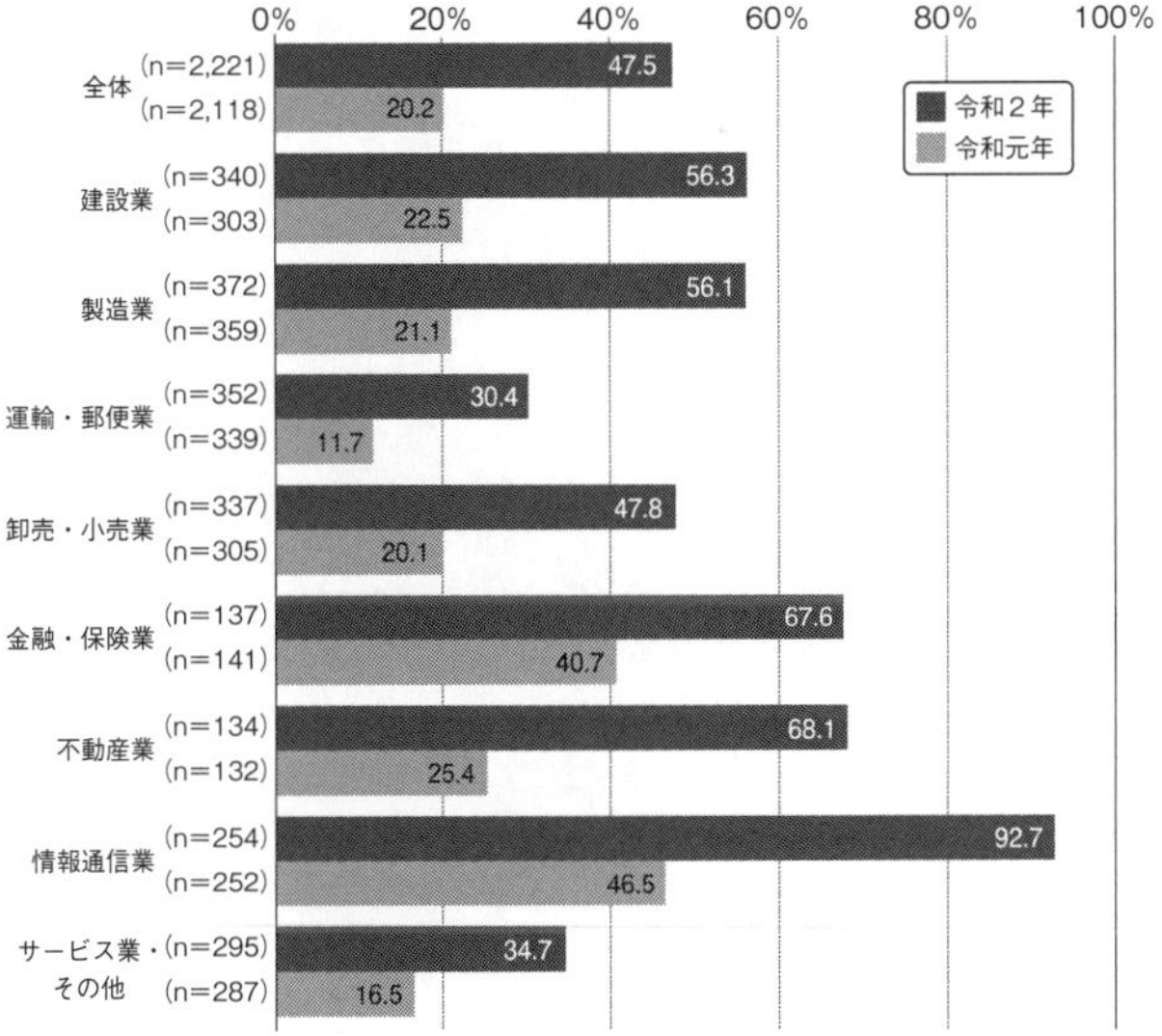

[図表4]　テレワークを利用する従業員の割合

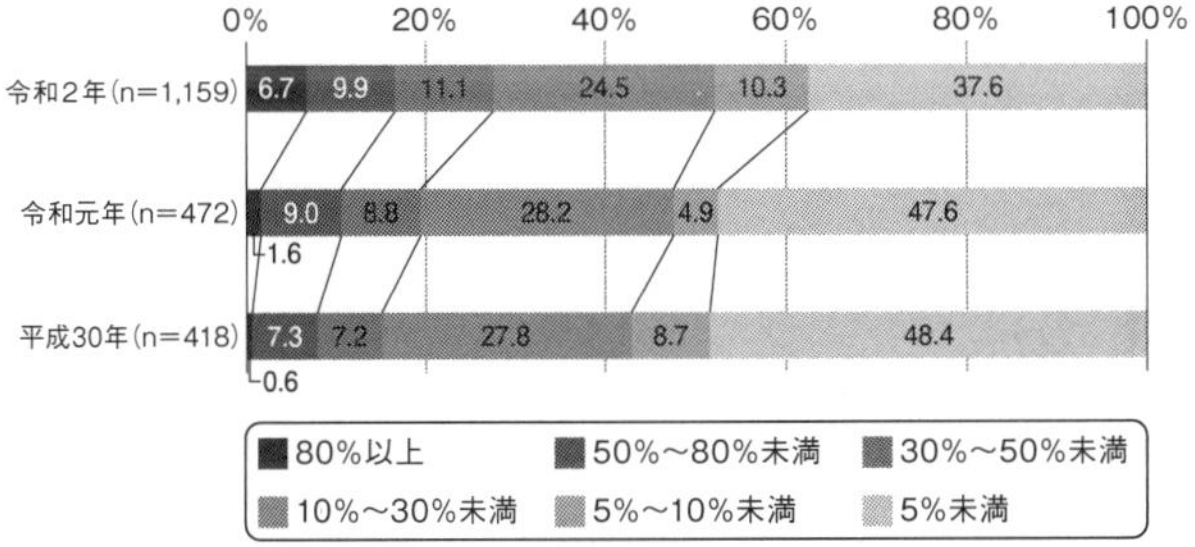

出典：総務省 令和2年通信利用動向調査

出社に戻るか、テレワークを進めるかの岐路

新型コロナウイルス感染者数が落ち着いてくるとともに、テレワークを続ける企業と元通りの出社に戻る企業とに分かれてきています。

東京商工リサーチの「『新型コロナウイルスに関するアンケート』調査」によると、2020年の最初の緊急事態宣言時のテレワーク実施率は約56％でした。このときは、新型コロナウイルスについての情報がまだ少なく、とにかく「ステイホーム」を徹底していた時期です。全国において、中小企業も含め半数を超える企業が、テレワーク（在宅勤務）を実施しました。

そして、緊急事態宣言が解除されると、実施企業は約31％と急激に減りましたが、これはまさに「緊急事態」であったため仕方のないことだと思います。実際、「在宅勤務」といいつつ、「自宅待機」に近い状況の企業が多かったと聞きます。

しかし、その後の実施状況を見ると、少しずつ、実施企業が増えていることが分かります。テレワークを経験したことでそのメリットや必要性を感じた企業は、課題に向き合い、

［図表5］　コロナ禍におけるテレワーク実施企業の推移

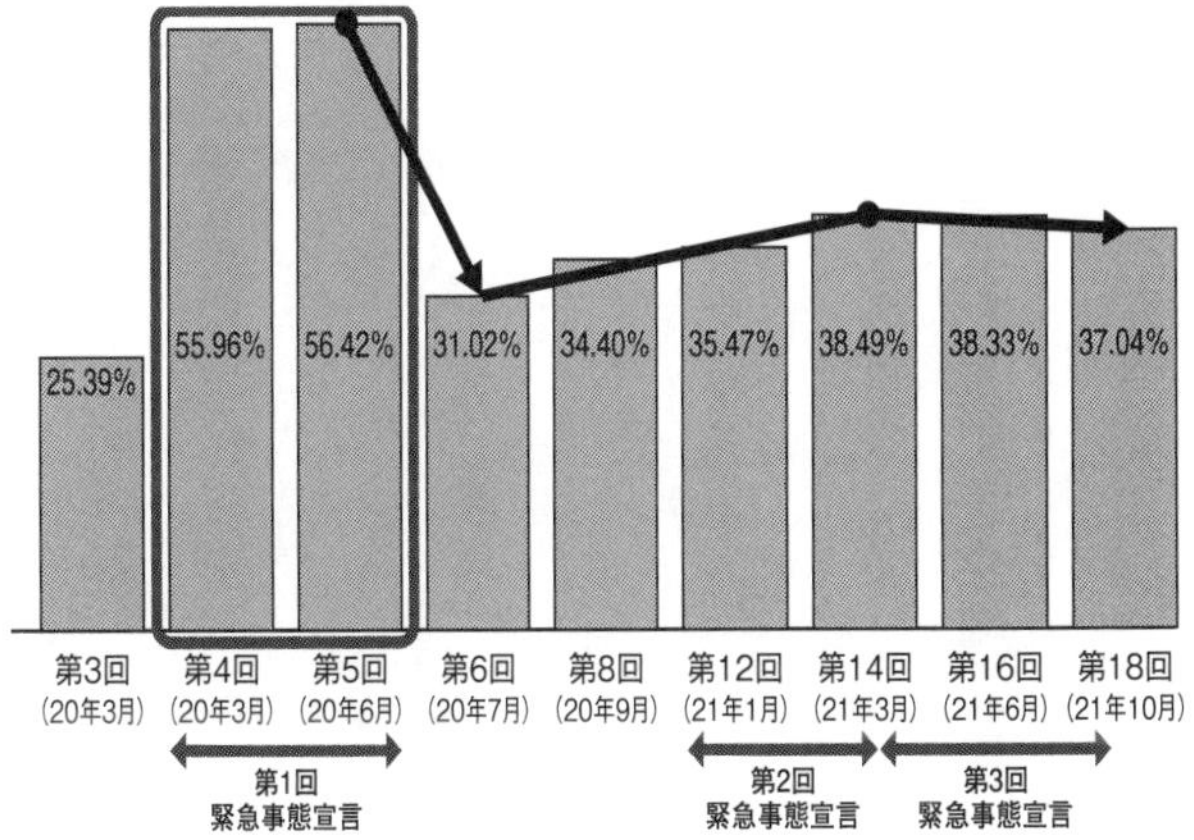

出典：東京商工リサーチ「新型コロナウイルスに関するアンケート」調査（2021年10月）

その後の感染防止に備えつつ、より本格的な実施を試みてきたのでしょう。

2020年の夏以降、都心部ではオフィスの面積を縮小・分散する動きが見られます。テレワークでも業務が回る、むしろ生産性が向上すると感じた企業は、これまでどおりの大規模なオフィスを維持するのではなく、縮小・分散を考えます。オフィスが不要になるわけではありませんが、重要なミーティングや顧客対応の場というように、オフィスの役割も見直されてきているのです。

一方、2021年に入りワクチンの接種が進み、10月の緊急事態宣言が解除されてからは、実施企業の数が減り始めています。朝の通勤電車も、目に見えて混み始めました。実際には、「テレワークをやめる」より「出社日数を増やす」企業が増えているのでしょう。

急ごしらえで始めたテレワークに、さまざまな課題が見つかり、その「困った」を解決できないまま、「出社」に戻っているとしたら、とてももったいないことです。テレワークの実施で、多くの社員は、「通勤しないで仕事ができる」というメリットを実感しています。テレワークを経験した若い世代が、毎日満員電車で通わなくてはいけない会社で働きたいと思うでしょうか。

一方で、「困った」に向き合い、その解決に挑戦する企業には、良い人材が集まるでしょう。ポストコロナでは「人材確保」が企業成長の要です。「テレワークを進めるか」「テレワークをやめるか」。日本の多くの会社は「ポストコロナ時代を生き抜けるかどうか」の岐路に立っているといっても過言ではありません。

コロナ禍で露見した12の「間違ったテレワーク」

私が経営する会社、株式会社テレワークマネジメントは、2008年に日本初の「テレワーク専門のコンサルティング会社」として設立されました。長年にわたり、さまざまな業種、さまざまな規模の企業から、テレワークに関する相談をいただいてきました。実はその相談内容が、コロナ前とコロナ禍では異なってきているのです。

コロナ前は「テレワークを導入したいが、どうすればよいか」という内容が多かったのですが、コロナ以降は、「労働時間の管理はどのようにしたらいいか」「新人教育が難しい。研修はどうしたらいいか」「雑談がしにくいので、何かいい方法はないか」など、具体的で多岐にわたるようになりました。以前はテレワークを実施していないので「漠然とした相談」だったのが、テレワークを経験することで、課題がより具体的、現実的になったからです。

でもよくよくその「課題」を聞いてみると、テレワークに対する先入観や思い込みから「間違ったテレワーク」を実施したために、ぶつかっているものがほとんどでした。

ここでは、12の「間違ったテレワーク」をまとめてみました。

皆さんは、こんなテレワークをしてしまっていませんか？

(1) 仕事を切り出すテレワーク

テレワークだと、できる仕事が限られる。だから、テレワークでもできそうな仕事を切り出して集めよう。1日分の仕事が集まったら、その日は在宅勤務ができる。

その「仕事を切り出すテレワーク」、間違っています。

このテレワークの根本には、「テレワークしやすい仕事は、こういう仕事だろう」という思い込みがあります。例えば、「切り分けやすい仕事」「一人で集中したほうがはかどる仕事」「重要な情報が含まれない仕事」「デジタル化されている仕事」などです。もちろん、このような業務は、すぐにでもテレワークができそうです。しかし、日本の職場において、そんな都合のよい業務は、そうたくさんはありません。

オフィスで5時間かかる業務しかないのに、その業務を持ち帰って在宅勤務をすると、自宅での仕事時間が余るかもしれません。また、テレワークのために「仕事を切り出す」となると、そこに時間と人を費やすことになります。

「テレワークは仕事が限られる」という前提でテレワークを実施すると、テレワークできる業務も人も広がりません。それどころか、生産性の低下を招きます。

その結果、「うちにはテレワークできる仕事がない」「これ以上のテレワークは難しい」ということになり、テレワークは頭打ちになってしまいます。

できる仕事だけを切り出すのではなく、今のすべての仕事を見直し、どうすればテレワークできるようになるかを常に考え工夫する姿勢が、テレワークを成功させ、そのメリットを享受するためのポイントとなります。

（2） 社員がさぼるテレワーク

家で仕事をすると、さぼってしまうのではないか。テレワーク導入にあたって、多くの経営者や上司がまず不安になることです。その不安は、決して特別なものではありません。ただ単に「今日は自宅で仕事をしなさい」と指示するだけだとしたら、人によっては「自宅にいるのだから、少しはさぼっても許されるかな」と、考えるかもしれません。その「社員がさぼるテレワーク」、間違っています。

2020年3月に実施されたリクルートマネジメントソリューションズの調査によれば、テレワーク経験者・未経験者とも、管理職では約56％の人が「部下がさぼっていないか心配」という不安を抱えています。

一方で、若手社員の半数近くが「テレワーク中にさぼっているのではないかと思われること」に対するストレスを感じているという調査結果もあります（20代の44・4％、30代の34・8％がストレスを感じると回答。株式会社ヌーラボによる調査）。

管理職が心配し、その心配が原因で働く人がストレスを感じてしまうテレワークが、良い結果につながるはずがありません。

「さぼり」を心配する管理職に対しては、「自分の部下を信頼できないの？」という非難の声もあります。しかし、これまで目の前で仕事をしている部下を見て評価し、適宜進捗状況を確認しながら仕事を進めてきた人にとって、テレワークで姿が見えず、何をしているか分からない状況では、不安になって当然です。また、大きな会社ではたくさんの部下を見ている人もいるでしょう。「部下全員を信じなさい」というのは、現実問題として私も難しいと思います。

では、なぜオフィスにいると管理職は「さぼっているのではないか」という不安を感じなかったのでしょうか。それは、部下が近くにいて、仕事をしている様子を見たり、話しかけたりできたからですよね。テレワークでも、どうすれば、「オフィスと同様の環境を用意できるか」に挑戦しましょう。管理職が安心して部下にテレワークをさせることできれば、社員も安心して取り組めます。

（3）過剰労働になるテレワーク

テレワークだと、社員が過剰労働になる。だから、テレワークの導入は慎重にすすめなくてはいけない。特に企業の人事部や組合の方が心配されています。実際に、テレワークをしている社員が「在宅勤務で夜遅くまで仕事をしている」ケースが少なくありません。その「社員が過剰労働になるテレワーク」、間違っています。

テレワークで過剰労働になりやすいパターンは大きく分けて2つあります。

・事前に申告した業務を遂行しようと、無理をしてしまう

テレワーク時は一人ひとりの業務が見えにくいという理由で、事前に「今日の在宅勤務での業務予定」を申告する方法がよく取られます。1日の業務予定を事前に明確にすることは、テレワークに限らず必要ですね。1日の終わりの報告での振り返りも重要です。

しかし、その1日の業務報告のみで、テレワーク時の仕事が評価されるとしたらどうでしょうか。日々の仕事では、電話応対に時間が取られたり、割り込み仕事があったりして、時間どおりに業務が終わらないこともよくあります。しかし、そんな事情を上司は知りません。

「さぼっていたと思われはしないだろうか」「自分の評価が下がってしまわないだろうか」という思いから、無理をして夜中まで仕事をしてしまうのです。

・時間の制限がない（ように感じる）ため、ダラダラと仕事を続けてしまう

就業時間が9時～17時と決まっていても、在宅勤務では上司や仲間の目があるわけではなく、通勤に時間を取られることもありません。「終業時刻だから今日はおしまい。お疲れさまでした！」という区切りがつけにくく、ダラダラと夜中まで仕事を続けてしまう人もいます。結果、オフィスでは8時間でできていた仕事が、10時間以上かかってしまうことも少なくありません。

タイプは違いますが、結果的にどちらも働き過ぎになります。心身の健康を損なうことにつながり、本人にとっても企業にとっても良くありません。

特に在宅勤務は時間管理をしないと、長時間労働につながりやすくなります。「離れているといつ仕事をしているのか分からないから、本人に任せよう」というのは、間違ったテレワークです。

テレワークでもICTツール等を活用して、出社しているときと同じように「長時間労働にならない」配慮が必要です。社員の心と体の健康を守るテレワークを目指しましょう。

(4) コミュニケーションを取らないテレワーク

「テレワークだと、上司や同僚とコミュニケーションを取れない」と思い込んでいる人たちが、実はまだまだいらっしゃいます。このデジタル化時代に？ と思われるかもしれませんが、経営層や管理職世代は、ICTを使ってコミュニケーションを取ることに慣れていない世代。在宅勤務時の部下は、自宅で一人集中して仕事している。どうしても必要なら電話をしよう、という姿勢だと、チームでの仕事は回りません。

その「コミュニケーションを取らないテレワーク」、間違っています。


今は、離れていてもコミュニケーションが取れる時代です。しかも、コロナ禍で広く普及した、ウェブ会議ツール、スマホでも気軽に連絡が取れるチャットツール、最近話題のバーチャルオフィスや、仮想空間の中で仕事をしたり生活をしたりする「メタバース」など、次々と新しいコミュニケーションツールが登場しています。

キーボード入力が苦手な上司に、部下が「課長、その件、チャットで詳しく指示してくださいね」などと言っても、「詳しくは出社したときに説明する」と返されてしまいそうです。大切なのは、管理職も含むチーム全員が、ストレスなくコミュニケーションを取れるようにするために、どんなツールをどう運用するといいかを考えることではないでしょうか。

(5) 雑談ができないテレワーク

長期のテレワークが続くと、メンタルを壊す社員についての相談が増えてきます。その主な原因は、孤独感。仕事の連絡はメールなどでできていても、在宅勤務では、オフィスで働いていたときのように、同僚との気軽な雑談ができません。一人暮らしの社員で、1週間誰とも話をしない日が続いてつらい、という相談もありました。

その「雑談ができないテレワーク」、間違っています。


オフィスで働いていた頃は、何気なくしていた同僚との雑談。コロナ禍で離れてみて、その重要性をあらためて実感した人も多かったのではないでしょうか。仕事に関係ない話をすることでリフレッシュできたり、仲間との信頼関係が深まったりするのはもちろん、雑談をきっかけに新しいアイデアが生まれ、会社全体のイノベーションにもつながります。

「その対策としてチャットで雑談部屋をつくったのですが、誰も利用しません」という話もよく聞きます。でも、それは当たり前のことです。雑談は「わざわざする会話」ではなく、いつも仕事をしている場やミーティングなどで集まった場で「自然に起こる会話」です。「雑談したい人はこちらへどうぞ」と言われても、「よし、雑談するぞ」とはなかなか思いませんよね。

テレワークだからといって、一日中、仕事に集中しなくてはいけないわけではありません。オフィスにいても、コーヒーを入れに席を外したり、同僚と雑談したりしますよね。「在宅勤務だから、ずっとパソコンの前にいなくてはいけない」「一人で仕事に集中しなくてはいけない」というのは、違います。

テレワークだからこそ、オフィスにいるときと同様に、同僚とのインフォーマルなコミュニケーションを取り、心理的安全性を保ちながら仕事をするための工夫が必要です。気軽に話しかけることができる「場」と「雰囲気」を用意して、雑談ができるテレワークを目指しましょう。

⑹ 社員を管理しないテレワーク

「テレワークだと、働いている時間が分からない」「テレワークだと、仕事のプロセスが見えない」「テレワークだと、実際にいる場所も分からない」「テレワークをする社員を管理できないのは仕方がない」と考え、オフィスに出社しているときは、９to５で働いている労働時間制の社員でも、在宅勤務の日は管理をしない方針の企業が少なくありません。しかし、労働時間はもちろん、業務の進捗、災害時の安全確保など、たとえテレワークであっても、社員の働く時間、働く場所、働く内容を把握するのは、企業の義務ではないでしょうか。

その「社員を管理しないテレワーク」、間違っています。

「働く人が、働く時間や場所を自由に選択できるのが、テレワークのいいところでしょう。それを管理するなんて、田澤さん、本気でテレワークを推進しようとしているの？」と言われたことがあります。これに対し、「私が推進しているテレワークは、働く人に責任や自律を求める『自由な働き方』ではなく、安心・安全に働くことができる『柔軟な働き方』です」と返事をしました。

もちろん、働く人をガチガチに管理すべき、とは考えていません。過剰な管理は、働く人にストレスを感じさせ、良い結果にはなりません。一方で、テレワークを理由に、企業が社員の管理をしない方向に進むのは、賛成できません。

社員の個々の事情に合わせて柔軟に働けるテレワークの実現には、過剰にならず、安心・安全のための、これまでにないマネジメントに挑戦しましょう。

(7) 社員が不公平を感じるテレワーク

コロナ禍においても、製造・接客など、物理的にテレワークできない職種の社員の方は、出社を余儀なくされました。また、テレワーク可能な部署においても、「ハンコ」や「紙の書類」「郵便物」など、物理的業務のために一部の社員は出社して業務にあたりました。テレワークができる社員、できない社員の間に「不公平感」が漂ったのは事実でしょう。

しかし、その「不公平」を理由に、テレワーク可能な部署や社員も、出社に戻ることになっては、できる社員からの「不満」が高まります。

その「社員が不公平を感じるテレワーク」、間違っています。


コロナ以前でも、「事務職」と「営業職」には、不公平感は存在していました。「営業の人は、外に出ることができていいなぁ。個人的な所用も済ませられるし」という事務職の方もいれば、「事務職の人は、暑い夏でも、エアコンのあるオフィスで仕事ができていいなぁ」という営業職の方もいたことでしょう。でも、業務の内容が異なるためであることは理解していたはずです。

今は「テレワークできない社員」も、どうすればテレワークできるようになるか、また、物理的に「テレワークできない社員」には、手当や別の働き方施策でどう「不公平感」を解消するかに、会社が取り組む姿勢が重要ではないでしょうか。

ポストコロナ時代は、「出社」と「テレワーク」を組み合わせた「ハイブリッド型」のテレワークが広がるといわれています。働く場所や時間が柔軟でも、不公平感なく仕事を進めることができる工夫や制度、マインドセットがより重要になります。

（8）部下を評価しにくいテレワーク

「テレワーク中の社員を評価するのが難しい」という相談もよく寄せられます。

上司は「顔が見えないなかで、部下をどう評価したらいいか分からない」と不安を感じますし、部下も「仕事をしている様子を直接見せられない状態では、正しく評価されないのではないか、評価が下がるのではないか」という不安をもって仕事をしていては、お互いよくありません。

その「部下を評価しにくいテレワーク」、間違っています。

「テレワークでは評価が難しい」という方に私がまず聞いているのは、「普段はどのように評価をしていますか?」です。「会社に長くいる」ことや「目の前で仕事をしている」ことで社員を評価していませんでしたか。だとすれば、それは正当な評価方法ではなかったのかもしれません。目の前で頑張っている姿を見ると「頑張っているな」とほめてあげたくなる気持ちは分かりますが、本来は業務をいかに進め、会社に貢献しているかを評価すべきです。

会社全体の評価システムは、そう簡単に変えることはできません。しかし、テレワークを実施したことで、これまでの「評価視点」を見直す機会にすることはできます。もし、評価において「会社にいること」に重きを置いていたのであれば、意識して変えていきましょう。

仕事の成果はもちろん、部下の仕事ぶり、効率よく仕事を進めているかどうか、仲間と良い関係を築けているかに重点を置きましょう。また、テレワークだとこれらが見えないと諦めるのではなく、どうすれば「見る」ことができるか、ＩＣＴツール等を活用し、仕事の業務コミュニケーション（ホウレンソウ）やプロセスの「見える化」に取り組みましょう。

⑼ 新人が育たないテレワーク

コロナ禍では、面接や新入社員研修をオンラインでやらざるを得なかったという企業も多く、「テレワークでは新人教育が難しい」という課題も出てきました。同期入社の仲間が一堂に集まり、リアルに顔を合わせることは、今後の会社生活にとって、とても重要なことです。それは、まったく否定しません。

一方で、全国から集まって実施される研修が、従来と同じ、会議室で講義を聴く形が中心だったらどうでしょうか。若い世代の新人たちは、「この講義を聴くために、集まる必要があったのか？」という疑問を抱くかもしれません。離れていると、教育ができないと決めつけて「会う」ことに頼ってしまっていることはないでしょうか。

その「新人が育たないテレワーク」、間違っています。

「テレワークだと人材育成が難しい」という相談に対し、よくよく研修の内容を確認してみると、実はオンラインでも可能な内容がほとんどでした。つまり、研修自体の内容よりも、「会うこと」「そばで見ていること」、さらには研修所で「同じ釜の飯」を食べ、夜にお酒を飲み語り合うことが、集合研修のメインだったのかもしれません。

もちろん会うことは大切です。しかし、これから社会に出てくる彼ら、彼女らは「オンラインネイティブ」です。迎え入れる企業側よりもはるかにオンラインが当たり前です。これからは、「対面」に頼るのではなく、オンラインでも、「いかに良好な関係を構築できるか」「リアルよりも効果を出すにはどうすればいいか」という方向に力を入れていくべきではないでしょうか。

ポストコロナ社会では、新卒一斉採用は減っていくことが予測されます。一方、中途採用の人材は増えていくでしょう。テレワークで面接し、テレワークで雇用することもあるかもしれません。オンラインでも、仲間との関係構築、チームでの一体感の醸成など、従来会わないとできないと思われてきたことが可能になれば、企業の人材確保・人材育成の可能性が大きく広がります。

(10) 情報が漏洩しやすいテレワーク

コロナの感染拡大防止のためにテレワークを急遽実施した企業のなかには、セキュリティ対策が十分とは言えないまま、テレワークに踏み切ったところもありました。私が知っている某中小企業では、昨年の最初の緊急事態宣言の期間、社員が会社のパソコンのデータをUSBキーにコピーして、自宅の個人パソコンで仕事をしていました。情報漏洩のリスクは認識しつつも、非常事態のため特別に許可したそうです。そのようなリスクの高い状態では、テレワークを長く続けることはできません。その会社は、緊急事態宣言が解除されると同時に、テレワークをやめました。しかし、再度の緊急事態宣言時に、同じ対応をしていました。緊急対応のために、特別なシステムコストをかけることができず、社員へのセキュリティへの意識研修にとどまっているそうです。

その「情報が漏洩しやすいテレワーク」、間違っています。

テレワークを実施する際、さまざまな情報漏洩のリスクが伴うのは、事実です。

・会社のパソコン等を持ち出すことによる、紛失や盗難のリスク
・セキュリティ対策がされていない、社員個人のパソコンを使用することによるウイルス感染のリスク
・社員の自宅や外出先で使用するインターネット回線からの情報漏洩のリスク
・機密情報の持ち出しなど、内部不正のリスク

ただし、情報セキュリティを心配し過ぎるあまり、テレワークをやらないという選択をするのだとしたら、そちらのほうが企業にとっての深刻なリスクです。

今はデータを物理的に持ち出すことなくテレワークができる技術も発達しています。データを社外に持ち出さずに仕事をすることが可能であれば、紛失・盗難による情報漏洩のリスクを減らすことができます。適切なセキュリティ対策をしつつ、テレワークを進めていきましょう。

(11) 報告・連絡・相談は対面のテレワーク

コロナ禍において、「ウェブ会議ツールを使って、オンラインで会議ができるようになった。テレワーク時は、上司や同僚に話しかけるときに、チャットツールを使っている。弊社は、テレワークを問題なく導入できました」と、胸を張る企業が少なくありません。

でも実は、このような企業が、新型コロナウイルスの感染リスクが低くなると、出社に戻りがちなのです。テレワーク自体をやめるのではありませんが、社員の出社する日数が増えます。その理由は、オフィスで対面して、「報告・連絡・相談」いわゆるホウレンソウをするためです。

その「報告・連絡・相談は対面のテレワーク」、間違っています。

仕事を進めるための「報告・連絡・相談」、いわば「ホウレンソウ」は、チームで仕事をする基本です。

「この案件、明日出社したときに詳しく報告してくれ」

「課長が火曜日に出社するので、ブレスト会議を入れよう」
「山田さん、明日在宅ですよね。A社の報告書の流れ、今、確認していいですか」

業務の報告・連絡・相談は、仕事の効率に影響するので、スピードが重視されます。従来どおりの対面になりがちなのは否めません。しかし、重要であるがゆえに、報告・連絡・相談をデジタル化しない限りは、メイン業務はオフィスで実施され、テレワークはサブ業務の働き方になります。

これからは世界を舞台にインターネットを使って、ビジネスを拡大する時代です。素材も人材も商材もお客さまも世界がベース。それを推進する社内の重要なコミュニケーションが、建物の中……、というのは残念なことです。

「報告・連絡・相談」もオンラインでできるようにし、出社しているときと同じように仕事ができるテレワークを目指しましょう。

⑿ 会社の一体感が薄れるテレワーク

コロナ禍が長引くなか、しっかりテレワークの定着に取り組んできた企業は、テレワークでも仕事が回るようになり、オフィスを縮小したり移転を実施したりと、より生産性を高める段階へと進んでいます。しかし、そんな企業を中心に、「テレワークが根付けば根付くほど、会社としての一体感、チームとしての連帯感が希薄になっていることに不安を感じている」という相談が増え始めました。また、その不安を説明するときに、必ずと言っていいほど「イノベーション（改革）」という言葉が伴います。

「テレワークは効率がいいが、会社としての一体感が薄れ、イノベーションが起こりにくい会社になってしまうのではないか」といった感じです。

ある大手のＩＴ企業は、社員全員がテレワークでも仕事ができる状況にもかかわらず、「社員のリアルなコミュニケーションに重きを置き、ポストコロナは、出社中心にする」ということを決めています。

でも、その「会社の一体感が薄れるテレワーク」、間違っています。

日本企業は、欧米に比べて、チームで仕事をすることが多くあります。会社の一体感、チームの連帯感が弱まるというのは、会社全体の生産性にも影響します。

テレワークでは、チームの連帯感を高めることは難しいと諦めてしまっては、せっかくテレワークができても、出社に戻ることになります。インフォーマルな雑談から、日常の業務コミュニケーション、さらには、チームが協力し合い、より効果的に成果を上げるための「チームビルディング」まで、テレワークでも会社の一体感を高めるテレワークを目指しましょう。

日々の仕事のなかで、社員が自らアイデアを出し、仲間と議論を重ね、失敗を恐れず挑戦し、新しい何かをスピーディにつくり上げること。それが、企業全体に「イノベーション」を起こします。

それなのに、ここで進むのを諦めて戻ってしまっては、さまざまなテレワークの「困った」を克服してきたことが無駄になります。ポストコロナ時代を生き抜く企業への、最後の壁をどう乗り越えるか、本書でともに挑戦しましょう。

「間違ったテレワーク」に向き合わずして、成功なし

以上、12個の「間違ったテレワーク」を挙げてみました。テレワークを推進するなかで、御社のテレワークに該当するものがありましたか？

「うちのテレワーク、間違っていたのか……」と悩むことはありません。コロナ禍で急にテレワークを実施せざるを得なかった多くの企業が、同じ悩みを抱えています。

本書では、冒頭の「テレワークの本質」を踏まえて、理想のテレワークを実現するために、あえて「間違い」と表現させていただきましたが、もちろん、企業ごとにテレワークの形はいろいろあっていいと思います。

重要なことは、テレワークの課題に向き合い、解決策を知ること。また、テレワークを実施したことで、見えてきた企業の根本的な課題もあるはずです。この機会を、企業全体の改善のチャンスだと思ってください。本書では、そのためのお手伝いをします。

［第2章］

テレワークは単に離れて仕事をすることではないテレワークの役割とあるべき姿とは

テレワークという言葉の意味を理解する

本書を読んでくださっている皆さんは、「テレワーク」という言葉はもちろんご存じだと思いますが、多くの方が知ることになったのは、コロナ禍がきっかけだったのではないでしょうか。

以前は、「電話の仕事ですか?」と言われることもありましたが、さすがに今はそういうことはありません。一方で、「テレワークって、在宅勤務のことでしょう?」というのは増えました。また、「テレワークとリモートワークって、どう違うの?」という質問もいただきます。

第1章では、「間違ったテレワーク」をご紹介しましたが、間違いを正すには、「相手」を正しく知ることが重要です。第2章では、「テレワーク」を正しく理解することから始めましょう。

まず、テレワークとは「テレ=離れた」と「ワーク=仕事」という言葉を組み合わせた造語です。造語、つまり誰かがつくり、その意味を決めて(定義して)います。日本においては、国が「ICT(情報通信技術)を活用し、時間や場所を有効に活用できる柔軟な働き方」と定義しています。

また、国のホームページでは、テレワークをその形態によって、「在宅勤務」、「サテライトオフィス勤務」、「モバイル勤務」に分類しています。

「在宅勤務」は、社員が自宅で勤務すること。「サテライトオフィス勤務」は、「サテライトオフィス」と呼ばれる、普段働く場所以外に会社が認める（用意した）場所で勤務することです。一社で占有するオフィスの場合もあれば、シェアオフィス、コワーキングスペースなど、他社と共用するオフィスの場合もあります。「モバイル勤務」は、ノートパソコンやタブレット端末などを使って、移動中や外出先で仕事をするという形態です。

「要するに、本来働く場所（オフィス）から離れて働くことね」と納得しそうになるかと思いますが、実は、「テレワーク」という言葉には、未来の日本を救うほどの重要な意味が込められているのです。

(1) 国がテレワークを推進する理由

なぜ国は、造語を定義してまで「テレワーク」を推進しているのでしょうか。

国が初めて政策にテレワークを入れたのは、なんと14年も前のこと。２００７年「テレワーク人口倍増アクションプラン」が最初でした。この政策のなかで「2010年にテレワーカーの就業者人口に対する割合を2割とする」という具体的な数値目標が掲げられましたが、残念ながら、2010年のテレワーク人口は16・5%。目標を達成できないまま、いったんこの政策は終わりを迎えてしまいました。

しかし、「テレワーク」は日本を救う働き方。ここで終わるわけにはいきません。

少子高齢化が進む日本では「働き手不足」という大きな課題があります。2020年の国勢調査人口速報集計によると、日本の人口は1億2622万7000人で、2015年の前回調査と比較すると、86万8000人（0・7%）減少しました。内閣府の「将来推計人口」を見ると、2053年には1億人を割って9924万人となり、2065年には8808万人になると推計されています。

総人口が減り続けるなかで、65歳以上の人口は増えます（2042年にピークを迎え、その後は減少に転じると推計されている）。2065年には国民の約2・6人に1人が65歳以上という未来が見えています。

こうしたなかで政府が掲げたのが「一億総活躍社会」と「働き方改革」です。「一億総活躍社会」は2015年に発足した第三次安倍内閣の目玉プランで、50年後も人口1億人を維持し、家庭・職場・地域で誰もが活躍できる社会を目指すというものです。この実現のために実行していく「働き方改革」において、テレワークは重要な位置を占めています。「働き方改革実行計画」のなかでは「テレワークは、時間や空間の制約にとらわれることなく働くことができるため、子育て、介護と仕事の両立の手段となり、多様な人材の能力発揮が可能となる」と記載されています。

つまり、コロナ禍が起こるずっと前から、国は「テレワーク」が日本の未来の課題を解決する重要な働き方であると認識して、推進を続けてきたのです。

(2)「テレワーク」の定義に込められた意味

国がテレワークを政策とした当初、テレワークの定義は「ICT(情報通信技術)を活用して、場所や時間にとらわれない柔軟な働き方」とされていました。しかし、「時間にとらわれない」とすると労働基準法等との整合性の問題があり、働く人や企業にも不安が出てしまいます。2016年5月に自民党テレワーク推進特命委員会が提出した「テレワークを活用した効率的で多様な働き方の実現に向けて」という提言書を基に、現在の定義に変更されました。

現在の定義「ＩＣＴ（情報通信技術）を活用し、時間や場所を有効に活用できる柔軟な働き方」のポイントをご紹介しましょう。

・「ICTを活用」

テレワークの実施には、ＩＣＴ（情報通信技術）によるデジタル化が必須である。テレワークにより多くの人が働けるようになることに加え、業務やビジネスを効率化して変革へと導く。デジタルトランスフォーメーション（ＤＸ）を推し進め、日本の生産性の向上や経済の成長のためにも、テレワークは必須の働き方である。

・「時間や場所」

少子高齢化が続き、労働力不足の日本においては「場所」だけでなく「時間」も柔軟にする必要がある。子育てや親の介護などで働く時間が短かったり、こま切れであったりしても適切に評価され、報酬ややりがいを得られるテレワークが求められる。

・「有効活用」

移動がなくなった分、増えた「時間」を有効活用することが重要である。これにより企業は生産性を、働く人はワークライフバランスを向上させる。さらに副業・兼業等もしやすくなる。テレワークは人生100年時代に向けて重要な働き方となる。

・「柔軟な働き方」

テレワークは「自由に」ではなく「柔軟に」働くことである。

企業は雇用する社員が安全・安心に働くためのルール（就業規則等）を明確にしつつ、社員の事情に応じて柔軟に対応することが重要である。

いかがですか？　単に離れて働けばいいのではなく、日本の課題を解決するための「働き方」として、テレワークが位置付けられているのがお分かりいただけると思います。

（3）リモートワークとテレワークは違う

最近は「リモートワーク」という言葉もよく聞きます。「テレワーク」との違いを質問されることがあります。もう皆さんはお分かりですよね。

「テレワーク」とのいちばんの違いは、「テレワーク」は造語であり、国が定義をしている『働き方のコンセプト』です。これに対し、「リモートワーク」は、「遠隔」という意味の「リモート」と「ワーク」を組み合わせた「一般的な複合語」であり、特別な定義はありません。

世間では、テレワークとほぼ同じ意味で使われているので、それを否定するわけではありませんが、「リモートワーク」には時間の概念はなく、「テレワーク」には時間の概念が組み込まれていることも重要な点です。

私自身、テレワークという言葉を長年使ってきており、「リモートワーク」よりはるかに思い入れがあります。なんせ起業した会社の名前も「株式会社テレワークマネジメント」です。2008年の会社設立時には、社名に「テレワーク」という言葉を入れることを周りに心配されました。ちょうど国がテレワークを推進し始めた頃でしたが、国の政策も今後はどうなるか分かりません。もしかすると、数年後にはテレワークが死語になってしまうかもしれないと懸念する方もいました。確かに、言葉は移り変わっていくものですよね。例えば一時期流行った「ノマドワーク」という言葉は、今は誰も使わなくなってしまいました。しかし、私は「テレワーク」という言葉が、将来しぼんでいくとは思いませんでした。むしろ、自分が日本のテレワークを広げていくのだという強い思いでテレワークマネジメントという社名に決めたのです。

（4）在宅勤務と在宅ワークは違う

「テレワーク」という言葉に関連して、もう一つ曖昧な使われ方をしているのが、「在宅勤務」と「在宅ワーク」です。この2つの言葉は定義されているものではなく、「リモートワーク」と同様に、一般的な複合語と考えていいでしょう。どちらも「在宅」で働くことですが、「勤務」と「ワーク」の部分が異なります。一般的には「勤務」は、会社に勤めること、つまり雇用されて働いている状態を示します。これに対して「ワーク」は仕事全般を示します。

実は、「在宅ワーク」は2000年前後に流行った言葉で、子育てや家事のため、会社に通いにくい状況の主婦が「自宅でパソコンを使ってお小遣い稼ぎをする」というケースで使われていました。今もその流れがあり、「働きに出にくい人が、自宅で少し仕事をする」という働き方をイメージするといいでしょう。

日本における労働者は、9割近くが雇用されて働いており、残りはフリーランス（個人事業主）だったり、経営者だったりします。後者は、もともと「働く時間や場所を自分で

［図表6］　日本の就業者

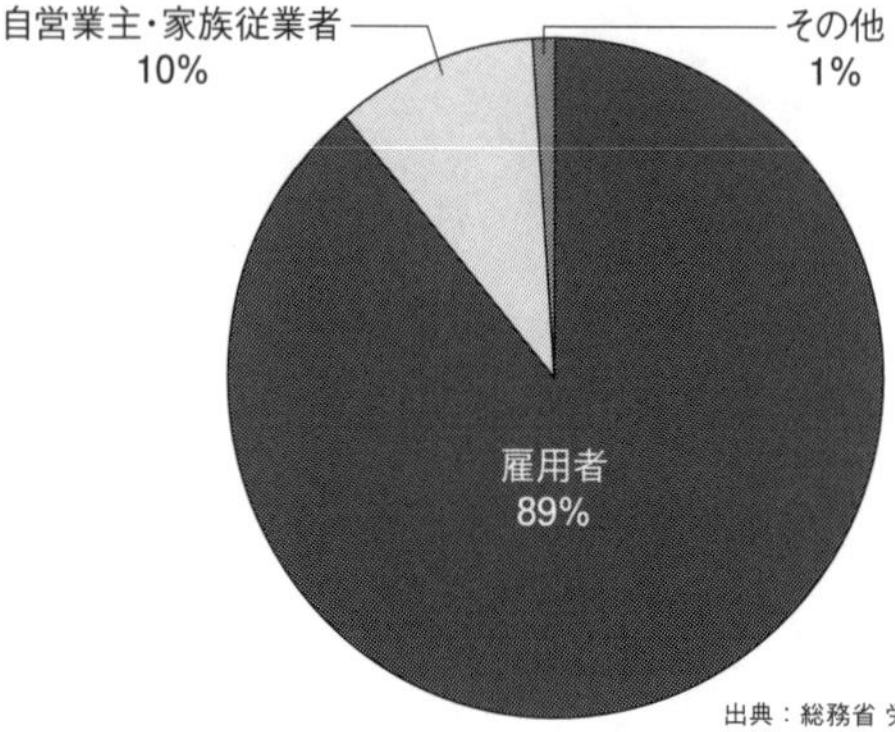

出典：総務省 労働力調査（2020年）

決める」ことができます。つまり、「テレワーク」をしようと思えば、いつでもできることになります。

一方、雇用されている人は、どんなにテレワークをしたいと思っても、所属している企業が許可をしないと柔軟に働くことができません。「日本の働き方を変える」という視点からは、国が雇用されている人のテレワーク、つまり企業が導入する「雇用型テレワーク」に力を入れるのはやむを得ないことだと思います。

本書でも、基本的に「雇用型テレワーク」の話をしていますが、筆者としては、フリーランス（個人事業主）の「自営型テレワーク」への施策も重要であると考えます。自由度はあるものの、労働基準法の対象外であり、厳しい働き方でもあるからです。自分で仕事を見つけなければならないし、見つからなければ収入はゼロです。過剰労働で体調を壊しても自己責任です。契約に関するトラブルも多いので、しっかり自分で契約内容の確認もしなくてはなりません。

すべての働く人が、適切なテレワークができる日本を、という視点から、厚生労働省は、「自営型テレワークの適正な実施のためのガイドライン」も定めています。在宅ワーカーに仕事を依頼する企業側や仲介業者はもちろん、在宅ワーカー側も目を通しておくことをおすすめします。

《コラム》筆者の在宅ワーク時代

私自身のテレワークは「自営型（在宅ワーク）」からスタートしました。1992年、夫の転勤と長女の出産が重なり、新卒で入社したシャープを泣く泣く退職した私は、なんとかして仕事を続けたいと考えました。そして、シャープ時代に培った知識を活かし、パソコンの記事を書くライターとして働くことにしたのです。これなら自宅にいながら仕事ができます。東京の出版社から依頼を受け、メールで原稿を送っていました。働く時間や場所を自由に選べる在宅ワークは、当時の私にとってとてもありがたい働き方でした。

しかし、これは大変な働き方でもありました。締め切りまでに原稿を納めなければ信用を失ってしまうというプレッシャーのなか、3人の娘の子育てにも奮闘していました。夜中まで仕事をし、体調を崩すこともありました。それでも「社会とつながっている」感覚ややりがいは、私にとって必要なものでした。

当時の私と同じように、子育て中のお母さんで「在宅ワーク」に興味のある人は多いと思います。今はクラウドソーシングなどのマッチングサービスや、在宅秘書や経理担当などBPO（企業の業務プロセスの一部を外部に委託すること）の仲介業者も登場し、在宅ワークの仕事を得る苦労は軽減されています。気軽にチャレンジできますが、多くの人ができる仕事は報酬が低いのも事実であり、それなりの仕事を得るにはスキルや経験、ビジネスマインドが求められます。もちろん「お金は二の次。社会とのつながりが欲しい」という人もいます。在宅ワークを通じて得たいものはなんなのか、優先順位を整理して考えつつ、正しい情報を得ながらチャレンジすることが大切です。

［図表７］　テレワークで生産性の向上

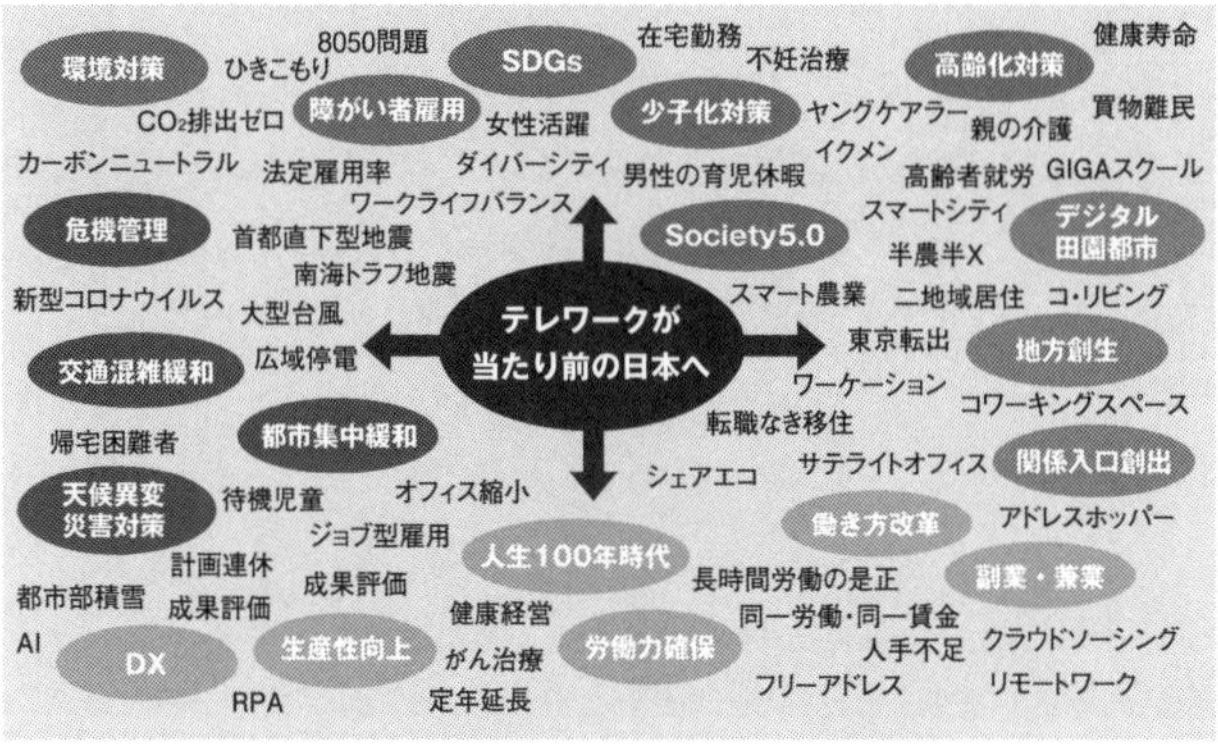

なぜテレワークが日本を救うのか

テレワークは、コロナ禍において、「感染防止」という目的で注目され、多くの企業や働く人が実施することになりました。このため、企業や個人の「働き方」の一つ、と思われがちです。しかし、お話ししてきたように、「テレワーク」は、日本という国が、長く取り組んできた国策です。これからの日本のさまざまな社会問題を解決し、より良い社会へ前進するための力をもっています。

上の図は、私が講演等でまず最初にお話をする資料です。日本が目指すコンセプトや課題などのキーワードがちりばめられています。テレワークは、これらすべてに、なんらかの形で関連し、推進や課題解決に貢献することができます。新型コロナウイルスの感染のリスクがなくなったからといって、日本のテレワーク推進が止まってしまうのは、本当にもったいないとしか言いようがありません。

テレワークが当たり前の世界になれば、日本はさまざまな課題を乗り越えることができます。日本の未来を救うといっても過言ではないでしょう。ここでは、いくつかのポイントにしぼって、国、企業、働く人それぞれの視点から、テレワークのメリットについてお話しします。

(1) テレワークで企業の生産性向上

日本生産性本部の調査によると、2021年の日本の時間当たり付加価値労働生産性は49・5ドル、これはOECD加盟国38カ国中23位です。主要先進7カ国のなかでは、1970年以降最下位が続いています。一人当たり付加価値労働生産性もOECD中28位で横ばいが続いています。原因はさまざまですが、先進国のなかで、日本が「生産性が低い国」であることは間違いないでしょう。

国の「生産性」は、いわば、企業の生産性、個人の生産性の集大成です。テレワークは「働き方」に過ぎませんが、テレワーク導入により、社員一人ひとりが効率よく働いて生産性を高めることができれば、企業としての生産性も向上します。そしてその結果として、国全体の生産性を高めることができます。

企業の方から、「テレワークで生産性は、本当に向上するのですか」と聞かれることが多くあります。もちろん「はい」と答えたいところですが、現時点では、非常に難しい質問です。コロナ禍において、「テレワークでの業務効率」についての調査もたくさん発表されていますが、働く人の感覚的なデータが多いのが実情です。正確にお答えするためには、テレワーク実施前と後で、「生産性」に関する正確なデータを比較しなくてはいけません。しかし、コロナ禍以前から生産性を数値化している企業は少なく、また、コロナ禍におけるテレワークは緊急対策的な状態です。テレワークの「生産性向上」の証明は、これからが本番であると、私は考えています。

しかし、私は、目指すところを間違えず、適切なテレワークを実施すれば、テレワークで生産性は必ず向上すると考えています。その考え方をご紹介しましょう。

コロナ禍が続くなか、多くの企業において「旅費交通費」が大幅に減ったのではないでしょうか。感染防止の観点から出張ができなくなったのがその理由ですが、いかにそのコ

［図表8］　生産性とは「産出」＋「投入」の比率

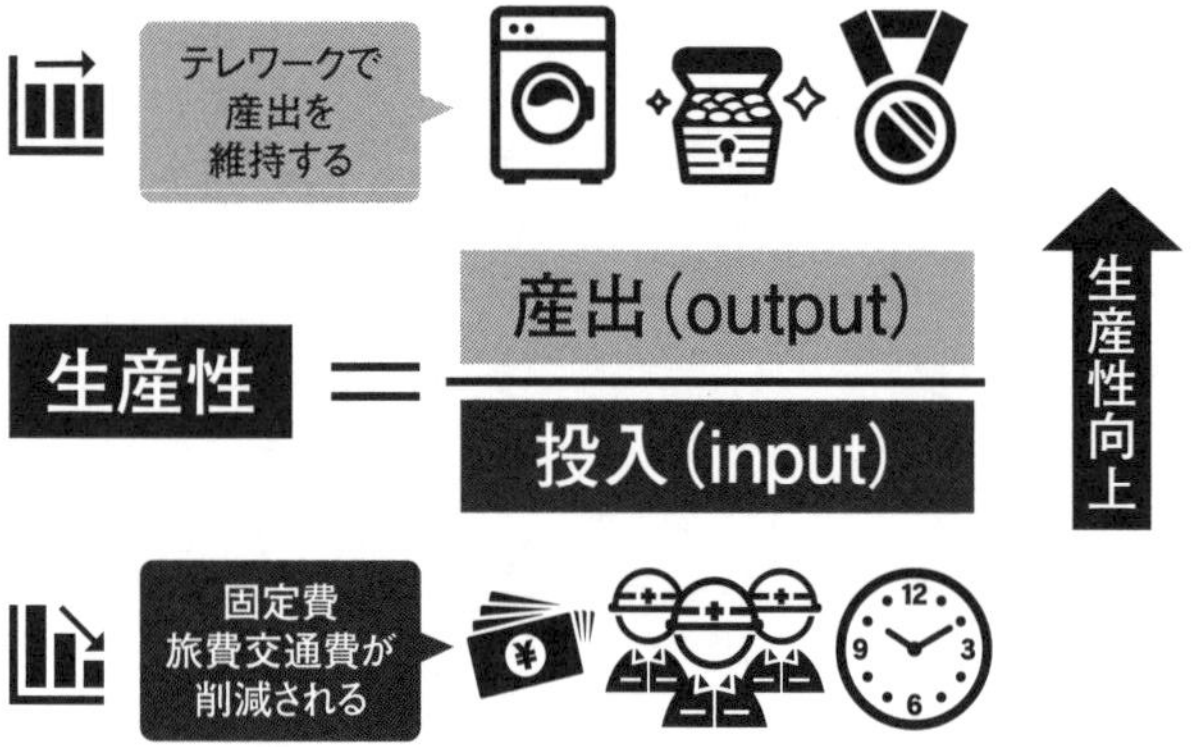

ストが高かったかを実感する企業は少なくありません。一方で、その対策として「オンライン会議」や「オンライン営業」が増えました。ここにかかるコストは、おそらく出張旅費とは比べものにならないほど安く済んでいると思います。

生産性とは投入したもの（インプット）を分母、生み出したもの（アウトプット）を分子とする「割り算」で算出されます。テレワークの実施により、分母にある「固定費や旅費交通費」が削減されれば、たとえ「算出（売上など）」が変わらなかったとしても、「生産性」は向上します。

「テレワークで生産性を向上させる」重要なポイントは、テレワークで、これまでと同様の算出を維持するにはどうすればいいか、に向き合うことであると、私は考えています。

コロナ禍におけるテレワーク導入を機に「業務改革」「制度改革」「組織改革」に取り組む企業もあります。それはすばらしいことだと思います。しかし、急ぎ過ぎるのもよくありません。まずは、テレワークの適切な導入でコストの削減に取り組み、一方で「テレワークでもこれまでと同様の成果を出す」ことに集中することが、テレワークによる生産性向上への近道であると考えています。

《コラム》テレワークで削減できるコスト

テレワークで削減できるコストを見てみましょう。まずは、これまで固定費として毎月支出していた「オフィス」コストです。テレワークが可能になると、これまでのように、「社員の人数分の机」をオフィスに用意する必要はありません。社員全員ではなく、出社する人数分のスペースがあれば、足りることになります。実際に大手の企業では、コロナ前からオフィスを半分の面積に縮小し、大幅なコスト削減を実現していました。削減できた費用は、テレワークをより進めるためのシステム費用や、テレワーク手当、またサテライトオフィスの利用料に充てたそうですが、それでも、全体コストとして削減が実現できているそうです。

また、テレワーク導入により、社員の通勤手当を見直す企業も少なくありません。日本では、当たり前のように社員に「通勤費」が支給されていますが、法律で支給を定められているわけではありません。海外では、支給しない企業のほうが多いそうです。テレワーク導入を機に、「社員全員に毎月定期代を支給する」という制度を変え、実費支給にすることで、通勤費の大幅な削減を実現した企業もあります。

ウェブ会議の普及により、今後は「出張旅費」も削減できます。もちろんお客さまに対しては、「会う」ことも大切です。すべてをオンラインにするのではなく、これまで毎月実施していた訪問のうち、何回かはオンラインで実施できるだけで、交通費旅費を大幅に削減できます。また、移動時間の「人件費」や「出張手当」なども削減できるでしょう。

オフィス料や通勤費、旅費交通費のように目には見えにくいのですが、テレワークで削減可能な重要なコストがあります。「人材採用」のコストです。育児や介護で退職せざるを得ない社員が、テレワークで働き続けることができれば、欠員補充の採用コストを削減できます。また、ポストコロナでは、以前にも増して「人材不足」が深刻になり、採用のための広告費も高騰することが予測されています。それだけではありません。若い世代は、就職先の会社の条件として、「テレワークが可能かどうか」を重視する傾向があるそうです。

(2) テレワークで労働力の確保

少子化が続いている日本では若者の数が減り、働く世代「労働力人口」が減っていきます。たとえ今少子化対策が功を奏して出生率が増えても、生まれた赤ちゃんが働ける年代になるには、20年近くかかります。国内の働き手が減っていくことが明らかであるなか、将来の日本の労働力を確保するために考えられる対策は3つです。

① 海外から労働力を受け入れる
② 労働者一人当たりの仕事量を増やす
③「働きたいのに働けない人」が働けるようにする

①の海外からの労働力受け入れは、重要な対策です。近年は技能実習制度も改訂され、

多くの外国人が日本で働くようになりました。しかし一方で、言語や生活習慣等の違いや雇用期間や待遇などに関するトラブルも多く発生しています。さらにコロナ禍においては、予定していた労働者が入国規制により来日できず、農業や工業の現場での「人手不足」が大きな問題になりました。

②の労働者一人当たりの仕事量を増やすのは、「働き方改革」で長時間労働の削減を進めてきた日本において、まったく逆の方向になります。現状の働き方に加えて労働時間を増やすのは、社員のワークライフバランスを低下させるだけでなく、心身の健康にも影響を及ぼします。

③「働きたいのに働けない人」が働けるようにすること、つまり「埋もれる労働力の活用」は、まさにテレワークが貢献できる対策となります。

では、「埋もれる労働力」は、日本にどのぐらいあるのでしょうか。調べてみたところ、「非労働力人口」という数字を見つけました。「非労働力人口」とは、15歳以上で、収入になる仕事を少しもしなかった人のうち、休業者および完全失業者以外の人。分かりやすくいうと「今、仕事をしていない人」「今、仕事を求めていない人」です。専業主婦や、学生、定年退職した高齢者、ニートなども含まれます。総務省の労働力調査による

［図表９］　非労働力人口の内訳

	非労働力人口	就業希望	適当な仕事がありそうにない	近くに仕事がありそうにない	自分の知識・能力に合う仕事がありそうにない	勤務時間・賃金などが希望に合う仕事がありそうにない	今の景気や季節では仕事がありそうにない	その他	出産・育児のため	介護・看護のため	健康上の理由のため	その他
男女合計	4181	286	97	18	14	26	18	21	53	16	55	56
男性	1517	87	33	6	7	5	6	8	0	4	23	24
女性	2664	198	64	12	8	21	11	13	53	12	32	32

（万人）

出典：総務省 労働力調査（2021年）

と、２０２０年の平均非労働力人口は４１８１万人。この数値のなかには、「就業希望」つまり、本当は「働きたいが、働かない」という人が、２８６万人も含まれています（総務省 労働力調査）。

働いていない理由は、「近くに仕事がない」「勤務時間・賃金などが合わない」「出産・育児のため」「介護・看護のため」「健康上の理由のため」など、さまざまです。働いていない理由として挙げられているもののうち、テレワークであれば働ける可能性のある「地域」「勤務時間」

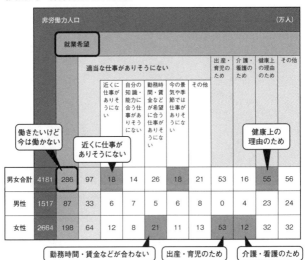

「子育て」「介護」「健康」の数字を合計すると、なんと１６８万人もいました。

もちろん、全員がテレワークで働けるわけではありません。しかし、労働力人口が減っていく日本において、一人でも多くの人が働ける社会にするために、テレワークという働き方がいかに重要かが分かりますね。

《コラム》未活用労働力は500万人近く？

国は、２０１８年から「未活用労働指標」という新しい指標を設定しています。「働きたいけど働いていない（潜在労働力人口）」だけでなく、「働いているけど、もっと働きたい（追加就労希望就業者）」「仕事があれば働きたい（失業者）」という人も合わせた指標です。総務省の２０２１年7～9月の統計データでは、追加就労希望就業者２１９万人、失業者２２４万人、潜在労働力人口43万人。これらを合計すると、「未活用労働力」は、なんと４８６万人です。

(3) テレワークで、高齢化社会対策

日本における高齢化問題のなかで、テレワークが課題解決に寄与できるのは、「親の介

護」と「高齢者就労」です。

「親の介護」については、すでに目前の課題です。総務省の就業構造基本調査によると「介護・看護を理由に退職する人」は、平成29年度で約10万人。会社の中心ともいえる管理職世代が、介護のために休んだり退職せざるを得なかったりという状況は、今後も増えていくと思われます。

かつては「親の介護は妻がしてくれる」と考える男性も多かったと思います。しかし、今は夫婦共働き世帯が増え、親の介護が必要になれば、どちらかが仕事を辞めなくてはならない状況に陥ります。少子化により、兄弟の数も減ってきています。例えば一人っ子同士が結婚すると、2人で最大4人の親の面倒をみることになります。

さらには、50歳で結婚したことのない人の割合である「生涯未婚率」も増加しています。2020年の国勢調査の結果から「生涯未婚率」は、男性が25・7%、女性が16・4%と、ともに過去最高となりました。50歳の男性の4人に1人は独身ということです。自分の親の介護を妻に頼む、ということはそもそもできません。

企業にとって、介護退職のリスクは、会社を長く支えてきくれたベテラン社員や、要職に就く社員が、退職あるいは、休職せざるを得なくなることです。しかも、出産・育児と違って、「○カ月後には復帰する」といった目途が立ちません。

親の介護を理由にする退職には、本人にとっても、介護の負担に加えて収入減という現実がのしかかります。テレワークにより、退職や休職をせずに、親の介護と仕事の両立が可能になれば、企業にとっても社員にとっても、大きなメリットとなります。

もう一つの課題「高齢者就労」においても、テレワークが寄与することができます。日本の医療が進歩し、平均寿命が延び、「人生１００年時代」がやってきます。定年が延長されるとともに、年金の支給時期も遅くなります。

国としては、より多くの国民に、より長く働き続けてもらうことで、労働力人口の確保と社会保障費の軽減が可能です。一方、高齢になれば、毎日の通勤やフルタイムの就労は体力的にも負担になります。高齢者にとって、テレワークは理想の働き方になるかもしれません。

「高齢者はパソコンが使えないので、テレワークは難しいのでは?」と思われるかもしれません。しかし、企業にパソコン等のＩＴが普及し始めたのが、１９９０年後半から２０００年初めにかけてです。その頃に社会人になった今の50歳前後の社員は、パソコンを使って仕事ができる世代に入ります。これから、退職後はテレワークで、という高齢者が増えることが予測されます。

《コラム》リモートで親と朝食

私自身も今、親の介護の入口にいます。実感していることは、介護の段階ごとに適切に対処すれば、テレワークのメリットは大きいということです。早い段階から介護サービス等を活用しつつ、帰省する週末の金曜と月曜を、実家での在宅勤務にすることで、実家にいる期間を長くすることができます。ある銀行勤めの男性は、月に5日の在宅勤務日を集中させることで、毎月、1週間実家で在宅勤務をしていました。

AmazonのEcho Show 10

ちなみに私は、遠方で暮らす両親と、毎朝、朝食時間をともに過ごしています。朝7時、「アレクサ、実家につなげて」と話しかけます。スマホが使えない母ですが、キッチンのテーブルに置いた端末にタッチして応答してくれます。

テレワークができると、仕事と親の世話を継続しやすくなるのはもちろん、コミュニケーション頻度を高めて、親の健康寿命を延ばすことにも貢献できるのではないでしょうか。

(4) テレワークで、少子化対策

現在の日本が直面している「労働力不足」の原因は、「少子化」にあります。出生する子どもの数が減ることで、未来の労働力も減少します。すでに40年近く「少子化」が続いたことで、とうとう「労働力不足」が現実のものとなっています。厚生労働省の人口動態統計によると、2020年の出生数は84万835人。前年の86万5239人より2万4404人減少、調査開始以来最少となりました。

私は「少子化対策」で重要なことは、次の3点だと考えています。

① 金銭的負担の軽減による支援
② 仕事と子育ての両立支援
③ 子どもが欲しくても授かりにくい人への支援

[図表10]　専業主婦世帯と共働き世帯 1980年～2020年

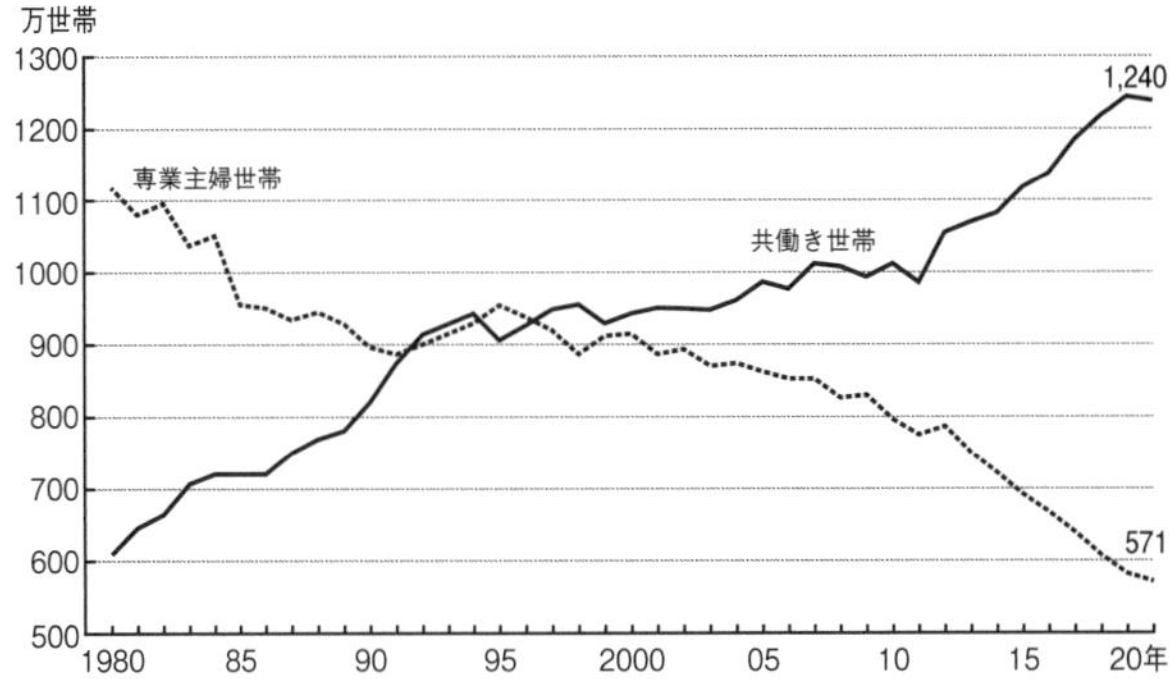

出典：独立行政法人 労働政策研究・研修機構

①0歳から22歳まで、一人の子どもにかかる費用は、3000万とも4000万ともいわれています。このような数字を見ると、子どもが欲しい人でも、子どもをもつことを諦めたり、子どもをもっても「もう一人」とならなかったりします。そこで国は、子育ての金銭的負担を軽減すべく、義務教育である小中学校に加え、所得制限などはあるものの、「幼児教育」「高校」「大学」の無償化を進めています。

②たとえ教育費が軽減されても、子育てにはさまざまな負担がかかります。総務省の労働力調査のデータによると、2020年時点での「共働き世帯」は1240万世帯、これに対し「専業主婦世帯」は、571万世帯となります。グラフをご覧いただくと分かるように、今後も「共働き世帯」が増えることが予測されます。

共働き家庭では、金銭の問題はもとより、「仕事と子育てをいかに両立するか」が大きな課題となります。

仕事と子育ての両立において、大きな課題は「時間」です。人に与えられた1日の時間は、24時間しかありません。毎日の仕事の時間とは別に、子育ての時間をいかに確保するかは、すべての子育て家庭にとっての課題でしょう。

一方で、時間さえ確保すればいい、というわけではありません。社会人として仕事をする期間は、約40年。子育てのために会社を辞めたり、続けたとしてもキャリアを諦めたりすることは避けたいです。

日本の少子化対策は、男性・女性に限らず、仕事と子育ての時間を確保しつつ、子育て時期におけるキャリアロスをなくすことであると考えます。そのために、テレワークは大きく貢献します。特に在宅勤務をすることで、「通勤時間」を「子育て時間」に変えることができます。コロナ禍でテレワークをしたことで、男性・女性に限らず、テレワークが子育て世代にとって、いかにありがたい働き方かを感じた人も少なくないでしょう。

一方、育児休業明けの女性の多くが「短時間勤務制度」を利用します。その最も大きな理由は「保育園のお迎え」です。フルタイム勤務で仕事を終え、そこから電車等で帰宅すると、保育園のお迎えに間に合いません。在宅勤務であれば、フルタイム勤務をしても、保育園のお迎えに間に合わせることが可能になります。子どもの病気の呼び出しにも、在宅勤務ならすぐに対応できます。

しかし、「キャリア」については、まだ課題があります。短時間勤務や在宅勤務になると、重要な仕事を任せてもらえず、昇進・昇格の出世コースから外れる、いわゆる「マミートラック」に入ってしまうケースが少なくありません。たとえテレワークであっても、会社で仕事をするのと同様に働き、成果を上げ、それを正当に評価されて初めて、子育てがしやすい企業・社会となります。

③の「子どもが欲しくても授かりにくい人への支援」として、令和4年度から不妊治療への保険が適用されます。また、不妊治療でも難しい方への、里親・特別養子縁組などの支援制度も検討していると聞いています。

今、私なりの3つの視点でお話ししましたが、最終的には人々の意識が大きいと思います。「子育ては女性がするもの」と考えていた40代、50代の企業で働く人の意識、「子育てはお金がかかって大変」と考えている若い夫婦世代の意識、少子化対策に力を入れると

「不妊で悩んでいる人に不公平感がある」という意識、そして「テレワークだと、仕事がはかどらないだろう」という意識などです。

国は少子化対策として、「経済的支援」「待機児童の解消」「男性の育児休業取得」「不妊治療支援」などを進めています。もちろんどれも重要ですが、子育て中の人のためだけではない「対象を限定しないテレワーク」の実施が最大の少子化対策だと、私は考えています。

《コラム》男性の育児休業とテレワーク

令和3年6月に育児・介護休業法が改正され、男性が育児休業を取得しやすいよう、「制度の整備」や「育児休業の意向確認を企業に義務付け」などが盛り込まれました。なかでも、テレワークの観点から注目すべきは、「男性の育児休業期間中でも、一定の条件のもと就業が可能」になったことです。条件は厳しいのですが、出産という肉体的な負担が伴わない男性にとって、「仕事」か「休業」かのゼロかイチかではない選択肢が増えたことは重要であると考えます。また、母親とともに子育てに取り組むことが前提のため、育児休業中に就業する場合は、テレワーク（在宅勤務）で仕事をするのが現実的です。

男性の育児休業の取得はもちろん重要ですが、子育ては、0歳のときだけではありません。長い目で見て、男性がいつもの仕事を在宅勤務でもこなしつつ、通勤時間を子どもとの時間に充てることができたり、在宅勤務中に柔軟に中抜けができたりするテレワークの実施が、少子化対策としても有効であると私は考えています。

(5) テレワークで、災害時の事業継続

気候変動、地震の頻発など、いつ大きな災害が発生してもおかしくない日本。災害発生時や、復旧時における事業の継続は、企業にとっても、社会にとっても重要マターです。

2011年の東日本大震災の際、多くの企業が事業の継続が困難になるなか、それ以前からテレワークを実施していた企業は、早い段階で業務を再開することができました。また、毎年やって来る台風の際も、テレワークが有効です。台風は進路を予測できるので、テレワークするかしないかの判断や準備が容易です。

2013年10月に発生した台風26号は、日本列島に沿う形で太平洋を北上し、関東地方を中心に広域で大きな影響をもたらしました。弊社は、奈良・東京・北海道の三カ所にオフィスがあります。まず、最初に接近した「奈良」のオフィスの社員に在宅勤務をするよ

う指示。翌日の朝は「東京」のオフィスを在宅勤務に、夕方には北に接近したので、「北海道」のオフィスは仕事を早めに切り上げ、夕方以降は在宅勤務になりました。おかげで、どのオフィスでも業務を継続することができました。

また、今回のコロナ禍では、「感染防止」の観点からテレワークの必要性が認識されました。今後も同様のパンデミックが起こらないとは限りません。

急な災害時にもスムーズにテレワークができるよう、日頃からテレワークを実施することをおすすめします。

《コラム》停電時でもテレワーク

「さすがに停電となると、テレワークはできないでしょう?」

こう質問されると、以前は返答に詰まっていました。災害で交通網がストップしてもテレワークなら業務を続けられますが、停電でパソコンやインターネットが使えなくなればさすがに難しいといえます。

ところが2018年9月、北海道を最大震度7の地震が襲ったときのことです。北海道全域が停電となり多くの企業が休業せざるを得ないなか、北見市に本社をかまえる私の会社は業務を継続することができました。その日出張で東京にいた私は、朝の6時過ぎに社内SNSを通じて次のような指示を出しました。

「北海道で大きな地震がありました。北見は震度3ですが、停電中のようです。北見オフィスの皆さん、まずは自宅待機をお願いします。あらためて連絡します」

停電なのに、なぜ北海道の社員に届いたかというと、日頃から全社員が業務連絡ツールをスマホで確認できるようにしていたからです。その後、スマホのバッテリーや電波に最大限の配慮をしつつ、情報を共有するようにしました。そして、始業時間前には正式に「自宅待機指示」を出し、会社の姿勢をしっかりと伝えました。そうすることにより、社員は安心して家族の様子を見守ることなどができます。この日は休日扱いとせず、「停電中は自宅待機、解除された場合は最低限の在宅勤務」としました。


また、社内の体制としては、北見オフィスにかかってきた電話を奈良オフィスに転送する設定等を行い、通常業務ができる地域の社員が自宅待機中の社員の業務をフォローできるようにしました。北海道のホテルからの「停電でホームページのサーバーがダウンした。お客さまに状況を伝えるためにFacebookページを更新してほしい」という依頼の電話にも奈良の社員が迅速に対応することができました。

この経験から、災害時に停電になったときもテレワークは事業継続に有効だという確信をもつことができたのです。

ただしこのメリットを享受するためには、次の3つを意識したテレワークの環境、ルール、体制づくりが必要になります。

①緊急連絡だけでなく普段の業務連絡もオンライン化して、緊急時にはスマホ等で状況確認や最低限の指示ができる体制を整える
②拠点を分散し、どの拠点からでも重要業務を継続できるよう情報のクラウド化・共有体制を整える
③いつでも在宅勤務ができるように普段の業務を行う

災害はいつ起こるか分かりません。忘れた頃にやってくるものです。災害が発生してから、「家で仕事ができるようにパソコンを会社に取りに行く」などというわけにはいきません。実際、突然の大雪で都内の電車のダイヤが乱れた際、会社から「今日は在宅

勤務としてください」と連絡をしたものの、ほとんどの社員がリモートアクセス用機器（USBキー）を会社から持ち帰っていなかったために社内のデータにアクセスすることができず、仕事ができなかったという某社の例もあります。この会社は危機管理対策を目的に早くから在宅勤務制度を導入していたのですが、結局この日は実質的に「自宅待機」となってしまいました。なぜならこの会社のルールでは、在宅勤務をするときは事前に申請してUSBキーを借り出さなければならなかったからです。

なお、災害時に会社判断で「自宅待機」を指示する場合、業務ができない損失のうえに自宅待機者への給与という二重の負担がかかります。企業にとって、災害時にいかに事業を継続するかは大きな課題です。

《コラム》帰宅難民と出社難民

コロナ禍から1年半ぐらい経過した、2021年10月7日午後10時41分頃、千葉県北西部を震源とする地震が発生しました。首都圏で震度5以上の地震は、東日本大震災以来でした。夜遅い発生だったため、テレビのニュースでは、夜中にタクシーの行列に並ぶ人たちが映し出され、SNSでは「帰宅難民」というワードがランク入りしました。

また翌日の朝から電車やバス等の交通が乱れたため、「出社難民」という言葉も話題になりました。

しかし、コロナ禍であったこともあり、翌日は在宅勤務になった人も多く、ツイートには「テレワークで良かった」という声がたくさん寄せられました。東日本大震災から10年が経ち、コロナ禍を経て、ようやくテレワークが普及してきたことを感じました。

⑹ テレワークで、地方創生

日本全体の人口減少が進むなか、特に顕著なのは地方の市町村です。若者、特に女性が都市部に転出する傾向があり、地方における出生率が下がり、高齢化が急速に進んでいます。

そんななか、2014年、国の施策として「地方創生」が掲げられました。東京一極集中を是正し、地方の人口減少に歯止めをかけ、日本全体を活性化することが目的です。

その一環として、テレワークで地方への人の移動を促すべく、総務省が「ふるさとテレワーク」という施策を実施しました。それまでは、地方の活性化といえば「企業誘致」と「地元産業の活性化」が二本柱でした。若者が仕事を求めて都市部に出ていくのを防ぐため、都市部の企業が工場や支社を地域に開設することで、雇用を生み出すというものです。また、地域での産業を興すべく、起業支援なども積極的に実施していました。

これに対し、「ふるさとテレワーク」のコンセプトは、これまでの企業誘致とは異なり、地域に仕事を創出するのではなく、都市部の仕事を地方で実施するものです。都市部企業のテレワーク拠点とすべく、全国各地で遊休施設などを活用しサテライトオフィスを整備してきました。

その後、コロナ禍でのテレワーク普及に伴い、内閣府が「地方創生テレワーク」を掲げました。若者の地方志向も後押しとなり、地方にサテライトオフィスを設置する企業も出てきました。

2021年の岸田内閣では、「デジタル田園都市国家構想」が重要な政策に位置付けられ、テレワークと地方の活性化は、まさにこれから本格化しようとしています。

《コラム》地元に若者が戻る「鮭モデル」

2014年に「ふるさとテレワーク」の実証事業に取り組んだ、北海道北見市の事例をご紹介しましょう。国の交付金を活用して「サテライトオフィス北見」を整備しつつ、東京のIT企業3社と連携協定を締結しました。地元の北見工業大学の学生が東京の企

［図表 11］　北海道北見市の「鮭モデル」

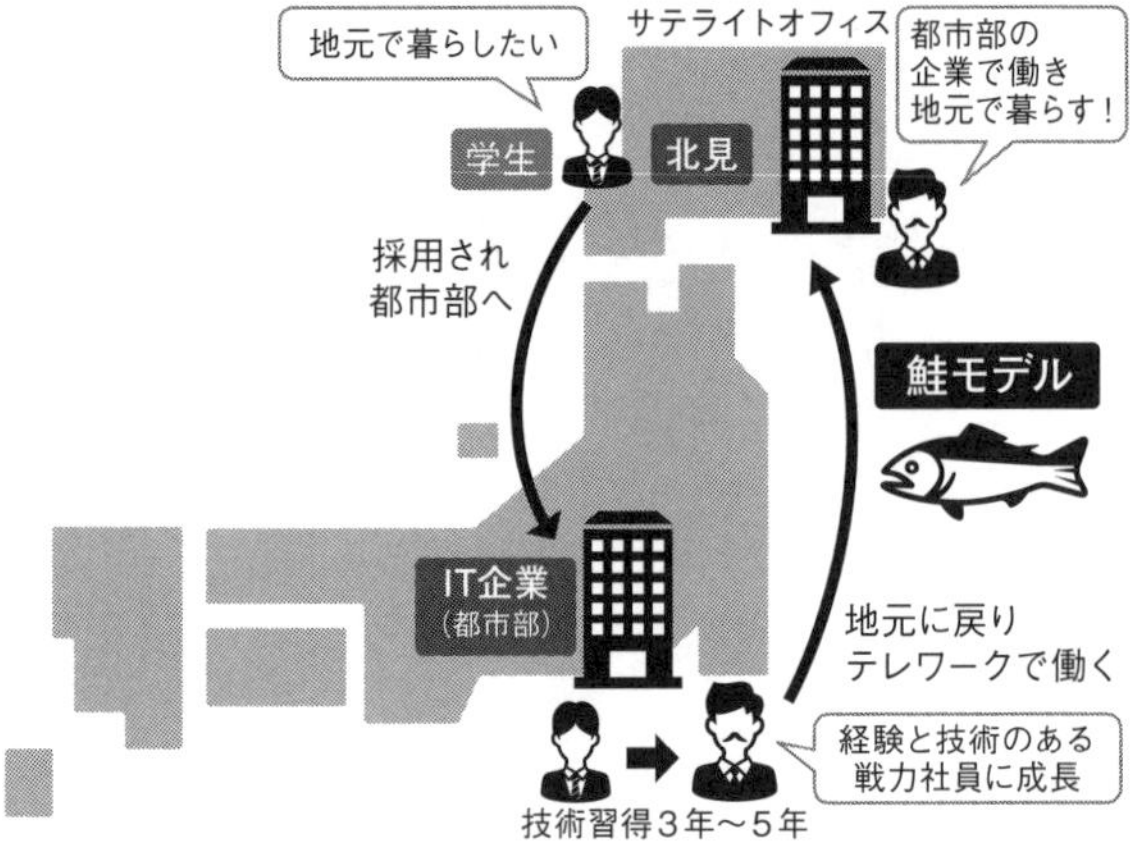

業に就職し、いったん北見を離れても、必要な技術を身につけたのち、北見に戻れる仕組みを企業とともにつくってきました。川から海に出ても、また故郷に戻る鮭になぞらえて「鮭モデル」と呼んでいます。

当初から5年以上が経過し、ようやく「鮭」となった若者が北見に戻ってきています。年月はかかるものの、自治体にとっては、成長した若者が戻ってくる大きなメリットがあります。また、東京のＩＴ企業にとっては、地方のＩＴ人材を採用できるとともに、北見でテレワークを可能にすることで、安定的な雇用を継続することができます。北見市の鮭モデルは、「地方創生テレワーク」の好事例といえるでしょう。

［図表12］　テレワークのほうがオフィス勤務より仕事がはかどる

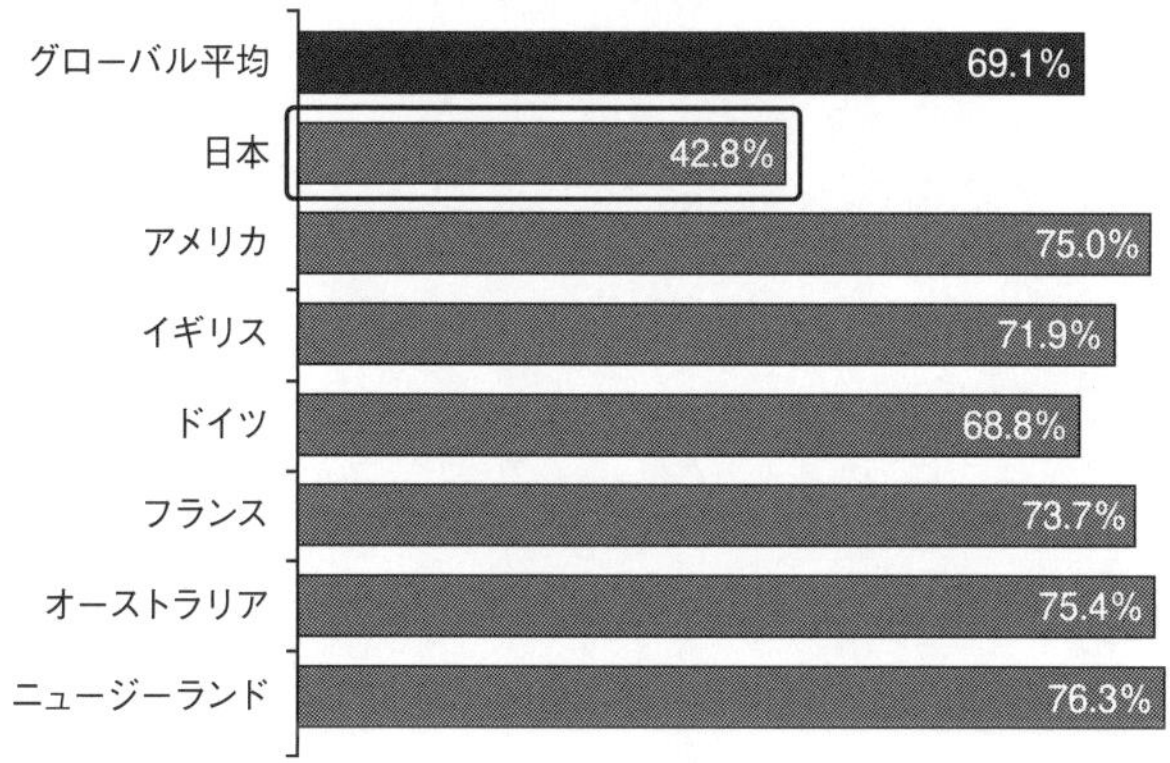

出典：アドビ株式会社 未来の働き方に関するグローバル調査

なぜテレワークは日本に普及しにくいのか

アドビが世界7カ国で調査した結果によると、「テレワークのほうがオフィス勤務より仕事がはかどる」と答えた割合が、グローバル平均で69・1％のところ、日本は42・8％。日本が唯一「テレワークではオフィスほど仕事がはかどらない」が多数派という結果になっています。

日本でテレワークが普及しにくい理由について、考えてみましょう。

(1) 最大の壁は、働く人の意識？

数年前（コロナ前）、ある大企業の人事担

当者から「わが社では、フレックスタイム制度すら利用者が少ない。テレワークを導入しても利用されないのではないか」と相談を受けました。

「ワークライフバランス」や「ダイバーシティ」といった言葉が飛び交ってはいるものの、実際には「多少体調が悪くても出社するのが当然」「会社にいること＝仕事をしている」「長い時間働く社員＝よく働く社員」という考え方が日本企業には、根強く残っていて、制度はあっても使われない状況がずっと続いてきたのです。

コロナ禍前の２０１９年９月、台風15号で首都圏の鉄道に大きな混乱が生じたとき、私はこれを実感しました。台風は進路の予測が可能なため、災害のなかでも、テレワークしやすいと考えていました。前日から在宅勤務の準備をすれば、危険な暴風雨のなか、出社せずに済むからです。

台風15号は、早朝に千葉市付近に上陸すると予測され、首都圏のＪＲ在来線は、前日の夜から始発の運休を決定していました。その後台風は北東へ進み、午前８時頃に茨城県沖へ抜けました。

「台風も去ったし、８時くらいから電車も動きそうだ。さあ、会社へ行こう」

続々と駅に集まる通勤客。ホームには人が溢れて危険な状態となり、改札には入場制限。駅の外にも何キロと行列が続きました。やっと中に入れても駅内はすし詰め状態で、満員電車はいつも以上にぎゅうぎゅう。台風一過の猛暑日となり、熱中症の危険も危惧されました。翌日はテレビもＳＮＳも「なぜそこまでして会社に行くのか？」という話題でもちきりでした。

なんとか出社しようとする会社員へのテレビインタビューでは、「とにかく会社に行くことが大事」「やらなくてはいけない仕事があるので」「上司が出社するのに休めない」などの発言があり、まさに日本の働き方の問題点が浮き彫りになりました。

(2) 日本の従来の「仕事の仕方」が足かせ？

日本は昔から「大部屋主義」といわれるように、チームのメンバーが顔を合わせて、密なコミュニケーションを取りながら仕事をしてきました。各自に仕事の内容が明確に定められているというよりは、チームに貢献するため、その時々に必要な仕事に取り組みます。

池井戸潤氏の『下町ロケット』など、社長の熱い想いに感化された社員たちが一丸となって奮闘していくストーリーに感動する人は少なくありません。個人主義ではなく、社員一人ひとりが協力してより良い結果を出すという意味では、日本企業の良さでもあると思います。しかし、一方で、「付き合い残業」や過度な「飲みニケーション」など、良くない面もあります。

長く実施されてきた「仕事の仕方」を変えるのは簡単ではありません。しかし、そのメリットとデメリットを認識し、良い面を維持できるテレワークを目指したいものです。

(3) アメリカと日本のテレワークの違い

テレワークが最も進んでいる国としてよく引き合いに出されるのがアメリカです。

2008年11月、私はアメリカ国務省の「インターナショナル・ビジター・リーダーシップ・プログラム(以下IVLP)」の招待を受けて、アメリカのテレワークの状況を視察させてもらいました。3週間でワシントン(連邦政府の中枢都市)、カラマズー(地方都市)、シカゴ(全米3位の大都市)、ダラス(地方の商工業都市)、シアトル(ITの先進都市)の5カ所を回り、45の企業・団体・個人を訪問しました。

この訪問で、アメリカは、歴史的な背景や制度の面から「テレワークしやすい」国であり、一方で、日本は、もともと「テレワークしにくい」国であることを実感しました。

また、アメリカは「石橋を叩かず渡る」かのごとく、あまり深く考えずに実施している印

[図表13]　アメリカと日本のテレワークの違い

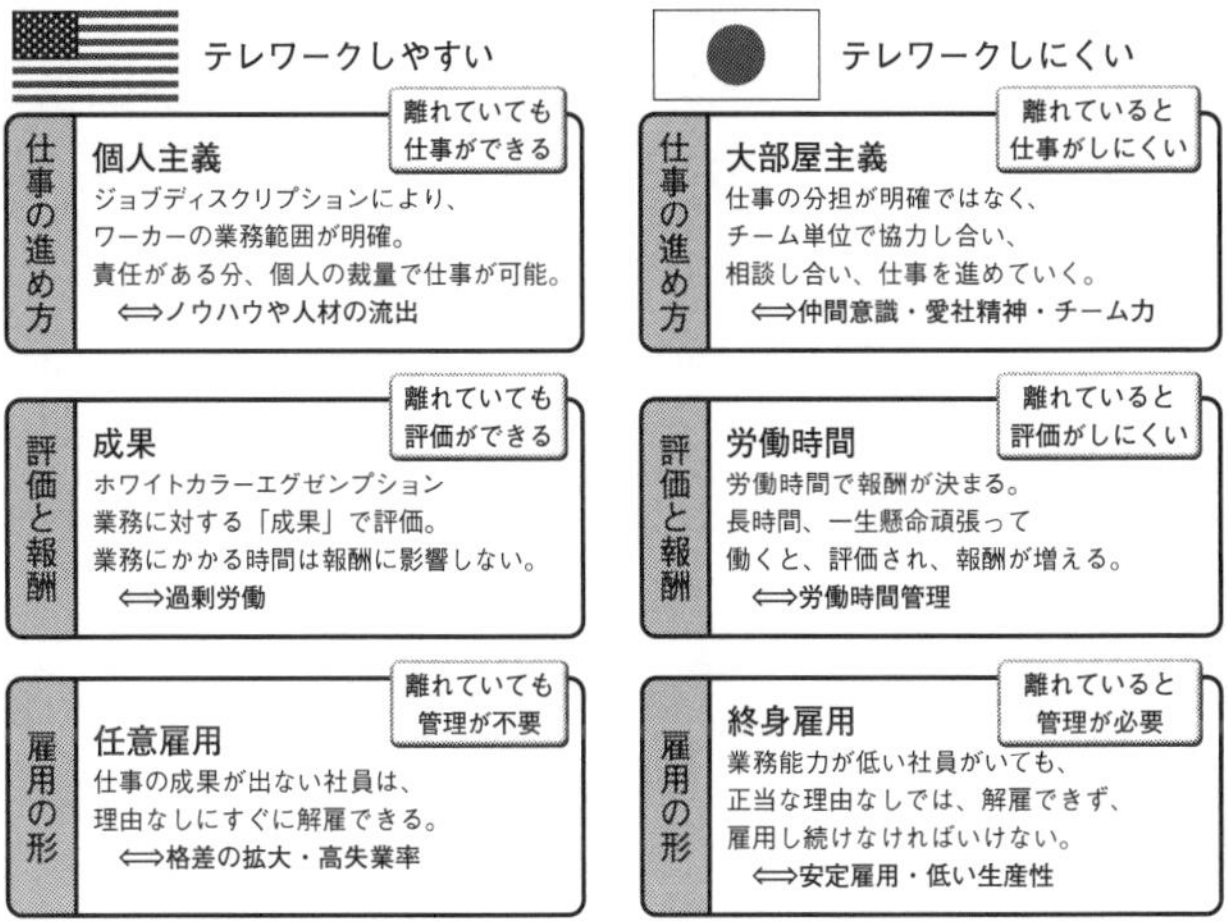

テレワークしやすい
仕事の進め方
個人主義
離れていても
仕事ができる
ジョブディスクリプションにより、
ワーカーの業務範囲が明確。
責任がある分、個人の裁量で仕事が可能。
⟺ノウハウや人材の流出
評価と報酬
成果
離れていても
評価ができる
ホワイトカラーエグゼンプション
業務に対する「成果」で評価。
業務にかかる時間は報酬に影響しない。
⟺過剰労働
雇用の形
任意雇用
離れていても
管理が不要
仕事の成果が出ない社員は、
理由なしにすぐに解雇できる。
⟺格差の拡大・高失業率
テレワークしにくい
仕事の進め方
大部屋主義
離れていると
仕事がしにくい
仕事の分担が明確ではなく、
チーム単位で協力し合い、
相談し合い、仕事を進めていく。
⟺仲間意識・愛社精神・チーム力
評価と報酬
労働時間
離れていると
評価がしにくい
労働時間で報酬が決まる。
長時間、一生懸命頑張って
働くと、評価され、報酬が増える。
⟺労働時間管理
雇用の形
終身雇用
離れていると
管理が必要
業務能力が低い社員がいても、
正当な理由なしでは、解雇できず、
雇用し続けなければいけない。
⟺安定雇用・低い生産性

象がありました。これに対し日本は、いろいろ心配し過ぎて、テレワークの実施に踏み込めず、「石橋を叩いて渡らない」状況でした。

日本は、「仕事の進め方」からいっても「仕事の評価方法」からいっても、テレワークを導入しにくいという背景があります。アメリカのように、「とりあえずやってみよう」「問題が起きてから対処しよう」というわけにはいきません（マインドは見習うべきだとは思いますが）。日本政府は何年も前からテレワークを推進してきていますが、なかなか進まなかったのは、このような理由があったのだと思います。

しかし、だからこそテレワークに対する

課題の認識や法的・技術的な取り組みは、他国より慎重に進めていると思います。日本の働き方に合ったテレワーク施策を行えば、より「安全で」「コミュニケーション度の高い」「情報共有が可能な」日本型テレワークを実現できます。そうすることで、日本は他国に負けない「テレワーク大国」になることができるはずです。

《コラム》米ヤフーが在宅勤務を禁止した理由

２０１３年米ヤフーのＣＥＯであるマリッサ・メイヤー氏が、突然、「在宅勤務制度を禁止する」という社内通達を出したことが話題になり論争を呼びました。柔軟な働き方を求める社員からはもちろん、多くのメディアが「先進的なＩＴ企業として、新しい働き方を推奨すべきヤフーがなんたることか」「子どもがいる女性がそんなことを言っていいのか」などと非難しました。

メイヤー氏は「在宅勤務では新しいイノベーションが生まれにくいから」と述べましたが、本当の理由は「仕事をしていない在宅勤務者が多くいたから」だといわれています。Googleから米ヤフーに引き抜かれてやってきたメイヤー氏のミッションは、業績が落ちている米ヤフーを立て直すことでした。いろいろと調査するなかで、在宅勤務者が社内システムにほとんどアクセスしていないことが判明したそうです。社内システムにアクセスしていないということはつまり、仕事をさぼっていたことになります。「在宅勤務禁止」は、業績を早急に立て直すための経営判断だったわけです。

アメリカのヤフーの一件は、「石橋を叩かず渡る」アメリカのテレワークの失敗例といえます。在宅勤務者が社内システムにアクセスしているかどうか、どのような仕事をしているのかを会社が把握していなかったというのは大きな失態です。この例が話題になったこともあり、現在のアメリカは「石橋を叩いて渡る」ようになってきているという印象です。

欧米の真似ではない、日本のためのテレワークを

第2章では、テレワークの基本的な知識と、テレワークが日本のさまざまな課題を解決できる働き方であることをお伝えしてきました。しかし、現実には、世界各国と比べても、日本は、テレワークが普及しにくい状況であることも、お話ししました。

だからといって、私は「日本では、テレワークは広がらない」とは思っていません。

日本人は、真面目でコツコツと仕事をします。また、チームの和を大切にし、力を合わ

せて「1＋1」を「3」にできるポテンシャルをもっています。

2008年にアメリカのテレワークを学んだときから、日本は「テレワーク大国」になれる、いや、ならないといけないと信じて、テレワークの推進をしてきました。

日本人が不安にならずに実施できるテレワーク、また、日本の働き方の良さを大切にするテレワーク、そして、日本の課題を解決できるテレワーク。

欧米の真似をするのではないテレワーク。

日本にいる日本人による日本人のためのテレワークを実現してこそ、テレワークが日本を救うのではないでしょうか。

［第3章］

テレワークを成功に導く心得十か条

テレワークを成功に導く心得十か条

テレワークについての基本的な知識を得たうえで、本章では、適切なテレワークを導入するための考え方や方向性について、お話しします。「テレワークを成功に導く心得十か条」としてまとめました。

一、仕事が限られると思い込むなかれ
二、一緒に仕事をしている感を大切にせよ
三、雑談してしまう「場」をつくれ
四、ホウレンソウをデジタル化せよ
五、安心して働ける「柵」を用意せよ
六、デジタル化は今すぐ始めよ
七、セキュリティは鍵のかけ方と心得よ
八、時間あたりの効率を評価せよ
九、会うことを大切にせよ

十、フェアなテレワークを目指せ

一、仕事が限られると思い込むなかれ

「テレワークだと仕事が限られる」と思い込んでいると、テレワークできる、テレワークしやすい仕事を探し、切り分けることから始めてしまいます。「資料作成」や「データ入力」を思い浮かべる人が多いでしょう。確かにテレワークしやすい業務ですが、毎日取り組むほどの仕事量はありません。

「テレワークだと仕事が限られる」と思わないでください。「今の仕事をテレワークでもできるようにするにはどうすればいいか」を考えましょう。

今すぐにテレワークでできる仕事が、仮に20％だとしましょう。1週間の間に、1日だけならテレワークが可能です。でも、「この業務しかできない」となると、1年後も、週に1日だけしかテレワークはできません。

「今の仕事をテレワークでできるようにしよう」という考え方で、デジタル化やシステム化を考え、行動していくと、1年後は、40％の仕事をテレワークでできるようになるかもしれません。

3年後には、週に1日出社すればいいだけになるかもしれません。テレワークできる業務に対する考え方が、あなたの未来の働き方をつくっていくのです。

二、一緒に仕事をしている感を大切にせよ

テレワークは、一人で仕事をすることではありません。会社に勤めている人は、上司がいて、同僚がいて、チームの一員として仕事をしているはず。オフィスにいても、在宅勤務でも、移動中でも、仲間と一緒に仕事をしていることを感じることができれば、チーム業務はうまく進みます。

逆に、一日中一人で仕事をして、誰とも話をしない毎日が続くと、仕事へのモチベーションが低下し、最悪の場合、メンタルを壊してしまうこともあります。

では、「一緒に働いている」感覚はどうすれば感じることができるでしょうか。

いちばん効果が高いのは、今の上司や同僚の様子を見えるようにすることです。必ずしも顔を見る必要はありません。（物理的には離れていても、ネット上では）すぐそばにいて、いざというときに声を掛けることができる状態であれば、「一緒に働いている」感覚をもつことができます。

例えば、チャットツールでも、仲間の名前が表示され、オンラインになっているだけでも「そこにいる」感覚をもつことができます。

第4章でもご紹介しますが、ウェブ会議ツールを活用することもできます。よりオフィスに近いバーチャルオフィスを利用すると、さらに効果的です。

朝九時、バーチャルオフィスに出社したら、「おはよう」と挨拶をする。何か聞きたいことができれば気軽に声を掛ける。仕事が終わるときは、「お疲れさまでした」と一日の労をねぎらう。たったそれだけのことですが、テレワークでのチーム業務を進める重要なポイントとなります。

三、雑談してしまう「場」をつくれ

「テレワークでは雑談がしにくい」という相談が、コロナ禍で増えてきました。テレワークで仕事をする人や時間が増えたために、オフィスでは何気なくしていた「雑談」の重要性に気づいたのだと思います。

雑談は、仕事の合間の息抜きになることはもちろん、仕事仲間の関係性を築く大切なコミュニケーションだったのです。とはいえ、テレワークだと、雑談の機会がほとんどありません。かといって、「さあ、雑談しましょう」と思ってするものでもありません。離れていても、自然と雑談してしまう「場」をつくることが大切です。

「場」は自然に発生しません。いつもの会社では、どこで雑談が起こっているか考えてみましょう。

・会議などで集まったときの前後
・仲間と机を並べて仕事をしているとき
・廊下でバッタリ出会ったとき

例えば、チームの定期ミーティングなど、メンバーが集まるとき。全員が揃うまで、「今日は寒いね～」「お子さん、風邪ひいたって聞いたけど体調はどう？」などと、何気ない雑談が始まることがあります。

例えば、自分の机で仕事をしているとき、隣の机で仕事をしている同僚が話しかけてきます。「山田さん、ちょっといい？　サッカーやってたって言ってたよね。実は、今アプローチしているお客さん、大のサッカーファンでさぁ。何かホットな話題ないかなぁ」「そうなんですか。だったら、こんなネタどうですか……」

雑談の発生場所は、「時々出会う場」や「いつも仕事をしている場」ではないでしょうか。テレワークでも、そんな「場」を意識的につくり出すことが重要なのです。

《コラム》毎朝のラジオ体操で雑談

私の会社では、運動不足解消のために、毎朝「オンラインラジオ体操」を実施しています。毎朝9時になると、バーチャルオフィスの多目的ホールに、社員が集まってきます。NHKがYouTubeで公開している第一と第二を画面共有して開始。離れていても一緒の映像に合わせて体操しています。

参加は任意で、2人だけのときもあれば10人のときもあります。弊社は全員在宅勤務が基本なので、運動不足解消が目的です。朝にしっかり体を動かしておくのは大切ですね。

また、参加している社員によると、毎朝の体操が気持ち的にも身体的にも、プライベートから仕事への切り替えになるとのこと。さらに、早めに来た人とおしゃべりが始まったりと、雑談の機会づくりにもなっています。

四、ホウレンソウをデジタル化せよ

ホウレンソウ、すなわち「報告・連絡・相談」は、昔から仕事を円滑に進めるために大事なこととしてビジネスの現場でいわれてきたことです。

私が新卒でシャープに入ったのはもう30年以上前になりますが、新入社員研修で「仕事の基本は、ホウレンソウや！」と教えられたのをよく覚えています。

最近は「ホウレンソウは古い」「その時間が無駄だ」という方も多いようですが、必ずしもそうとは限りません。日本の企業においては、ほとんどの人がチームで仕事をしています。チームでやっていれば、情報共有は欠かせません。

コロナ禍において、緊急事態宣言が解除されたり、感染者数が減ったりすると、テレワークをやめたり、少なくしたりして「出社」に戻る会社が少なくありません。その理由について聞くと、「テレワークだと、仕事の指示がしにくいから」「やっぱり会社で顔を合わせたほうが、仕事が回る」といった返事が返ってきます。

「テレワークでも、パソコンを使えば資料を作成できる。打合せの必要があれば、オンライン会議を開催すればいい。上司や同僚に用があれば、チャットで話しかければいい。テレワークでも仕事ができる」と言っていた人が、出社に戻る本当の理由は、「テレワークだと、チーム業務のホウレンソウができないから」ではないでしょうか。そして、これがスムーズにできなくて、「チーム全体の生産性が低下しているから」ではないでしょうか。

実は、15年以上前から、チーム業務を重視する日本の企業においてテレワークを成功させるには「チーム業務におけるホウレンソウのデジタル化」が最も重要なのではないか、と考えていました。そして今回のコロナ禍において、それが間違っていなかったことを確信することができました。

一言で「コミュニケーション」の課題と片付けてしまうのではなく、オフィスでどんなコミュニケーションをしていたのか整理し、チーム業務のホウレンソウがどのように実施されていたかを整理したうえで、オンラインでどう実現するかを考えてみましょう。

ホウレンソウのデジタル化ができれば、テレワークでも、オフィスと同様に仕事ができ、前章でお話しした「テレワークでの生産性向上」にもつながります。

五、安心して働ける「柵」を用意せよ

「テレワークでは、管理をしないほうがいい」という意見もあります。もちろん、フリーランスや、企業の管理監督者、高度プロフェッショナル制度適用の社員など、管理をしないほうがパフォーマンスよく働ける人もいます。でも、それは仕事内容や人によるもので、テレワークする人をすべて管理しなくていい、というものではありません。

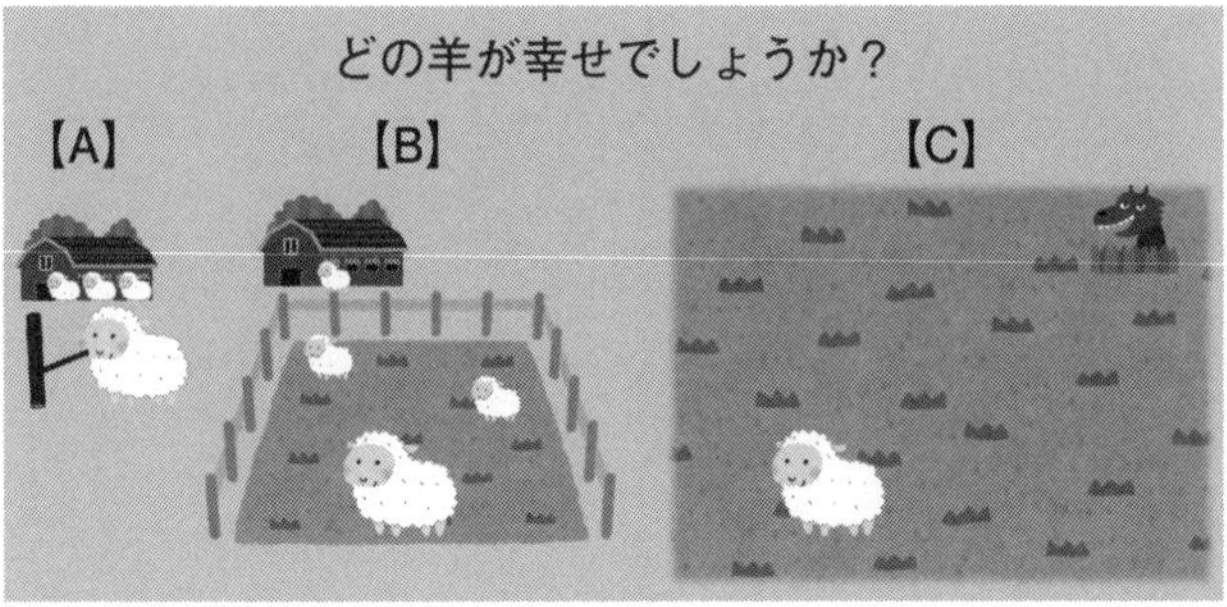

突然ですが、上の絵をご覧ください。どの羊が幸せに暮らしていると思いますか？

Aでは、羊たちは、羊舎の中か、その近くでつながれています。Bでは、羊舎にいることもあれば、柵に囲まれた中で自由に過ごすこともあります。Cでは、野原に放たれ、自由に暮らしています。

Aは安心ですが、自由がありません。Cは自由がありますが、自分で自分を守る必要があります。Bは、柵の中では自由に行動でき、安心して暮らすことができます。

極端な例ですが、これを「働き方」に当てはめてみます。Aは毎日出社して会社で仕事をしていたこれまでの働き方。Cは、テレワークだと管理できないからと、社員が好きな場所、好きな時間に仕事をする働き方。これまでAで働いていた人が急にCの働き方になった場合、自分を律することができないと、働き過ぎたり、さぼってしまったりと、問題が発生しやすいのではないでしょうか。

そこで、日本のテレワークでは、Bを目指すのが適切ではないか、というのが私の考えです。柵の中で、決められたルールを守りつつ、社員の判断で時間や場所を柔軟にして仕事をする働き方です。もちろんAやCの働き方をする人もいます。しかし、日本の課題を解決する、企業も働く人にもメリットをもたらすテレワークは、Bのような管理（マネジメント）をするといいのではないか、というのが、長年テレワークを推進してきた私の考えです。

「柵」といっても、「ここを乗り越えてはダメ」という禁止のための柵ではなく、柵を出そうになったら、あるいは出てしまったら中へ誘導するためのものと考えてください。そして柵の中では働く人に任せることで、「安全・安心」と「社員の自律」の両方を目指しましょう。

六、デジタル化は今すぐ始めよ

テレワークを実施するためには、紙の資料をなくす、つまり業務をペーパーレスにしていかないと、離れて仕事がしにくくなります。

とはいえ、キャビネットや書棚、社員の机の上にある大量の紙の書類や資料は膨大で、これらをデジタル化するのにどれぐらいの手間と時間とコストがかかるかを想像するだけで、なかなか踏み出すことができません。

しかし、考えてみてください。紙のまま保持すること自体が、大きなリスクです。東日本大震災では、津波のために、大量の紙資料がなくなりました。一つの建物に紙で保存すること自体がリスクになります。

なかなかデジタル化に進めないという企業に対しては、「とにかくXデーを決めて、その日から、デジタルに移行すると決めましょう」とアドバイスしています。大量の過去の紙資料をデジタル化することにとらわれず、とにかく「今」から発生する資料をデジタル化するのです。Xデーは、明日でも、来月1日でも、来期の初日でもかまいません。とにかくその日から作成する資料は、すべて「原本」をデジタル化することに全社で取り組みましょう。

デジタル化というと、紙資料をスキャンすることから始まると思いがちですが、最近は、お客さま等が記入する申込書や伝票などを除いて、手書きの資料はほとんどないのではないでしょうか。多くの社内文書は、パソコンの文書作成ソフトや表計算ソフトを使って資料を作成しているはずです。それを印刷したものに押印して提出や回覧をし、最後に「原本」として紙を保管しているのだとしたら、その「原本」を変えましょう。

「今すぐデジタル化作戦」の第一歩は、「原本」のデジタル化です。単純な資料の場合は、最終ファイルを原本として保存します。その過程で印刷した紙は確認用として扱います。押印されている稟議書や決済書、契約書などは、スキャンしてPDFファイルにして保存します。

デジタル化されたファイルは共有ストレージで保管し、今後必要になった場合は、デジタルの「原本」を参照しましょう。Xデー以前の資料が必要になった場合は、必要になった紙資料のみデジタル化し、共有ストレージに入れます。これを繰り返すことで、まずはデジタル化を進めることができます。

紙資料のデジタル化を進める一方で、ハンコやFAX、電話や郵便物といった、コロナ禍で「出社」の原因となったものも変えていきましょう。押印については、国の方針もあり、デジタル文書に直接押印できるツールやサービスが登場しています。押印が面倒な契約書自体もクラウドでできるサービスがあります。

ＦＡＸも、最近の複合機では紙ではなくデジダルデータとして受信する機能があります。直接ストレージに保存して、必要なものだけ印刷して確認するのもいいでしょう。あるいは、送信も受信もファイルから直接できるサービスもあります。

電話については、クラウドＰＢＸを利用することで、自宅から会社の代表電話に出たり、内線でテレワーク中の社員に回したりすることが可能になります。

さらに、届いた郵便物を回収し、デジタル化して保存してくれるサービスもあります。また、デジタルファイルのまま郵便を出すこともできます。例えば日本郵政の「ウェブレター」を使うと、宛先と送付物をデジタルで指定するだけで、案内状や請求書などを印刷し封筒に入れて相手に郵送してくれます。

もちろん、すべてをデジタル化するのは大変なことです。まずはできるところから始めることが大切です。

七、セキュリティは鍵のかけ方と心得よ

「情報が洩れたら困るから」
「セキュリティが心配だから」

セキュリティを理由にテレワークの導入をためらったり、テレワークを導入しても重要なデータが含まれる業務はオフィスでの実施を原則としたりする会社も少なくありません。「コストがかかりそう」というのも、躊躇する理由の一つです。

しかし、セキュリティは、「鍵のかけ方」に過ぎません。何に対して、どんな鍵をかけるのか。例えば鍵といっても、南京錠から生体認証システムまでさまざまなものがあります。同様にテレワークにおける「鍵」もさまざまです。

一方、会社で扱う情報もさまざまです。ホームページに掲載することが前提の公開情報から、ビジネスの根幹に関わるような機密情報までありますが、すべての情報資産について最高レベルのセキュリティが必要なわけではありません。その情報の機密度に合わせて適切な「鍵」を選びましょう。

また、書類やサーバーは自社の施設の中に置いておけば安全かというと、そうともいえません。適切なクラウドストレージの利用もぜひ進めていくべきだと私は考えます。そうすることで、安全性も高まり、また、テレワークもしやすくなります。情報セキュリティに関する脅威やそれに対する対策は日々進化していますので、旧来の手法にとらわれず、新しい情報をしっかりキャッチしていくことが大切です。

《コラム》クラウドと社内、どちらが安心？

ある企業さんから「クラウドにデジタルデータを保存するのと、社内の物理的なストレージに保存するのと、どちらが安心でしょうか」というご質問をいただきました。これに対し、弊社のコンサルタントは、こんな質問で返しました。

「ご自身のお金は、銀行に預けられていますか？　それとも自宅にある『壺』に入れて保管されていますか」

それを聞いた私は、ツボにはまって笑ってしまいました。さすがに壺というのは極端ですが、分かりやすい「たとえ」ですね。

以前は、クラウド上に重要なデータを置くのは不安という話が多くありました。しかし、最近では大手企業はもちろん、国や自治体もクラウド上にデータを保管しています。実績があり、多くの利用者がいるクラウドサービスは、いわば銀行のようなもの。高度なセキュリティシステムが導入され、自宅の「壺」よりははるかに安全ではないでしょうか。

八、時間あたりの効率を評価せよ

「テレワークだと、評価がしにくい」という声をよく聞きます。でも、なぜ会社では評価ができて、テレワークではできないのか。それは会社にいるときは、目の前で頑張っている人を高く評価しがちだったり、勤務時間が長い（長時間目の前で仕事をしている）ことを評価しがちだったりしたからではないでしょうか。

厚生労働省の「テレワークの適切な導入及び実施の推進のためのガイドライン（テレワークガイドライン）」では、テレワークでは社員の業務遂行状況や能力を把握しづらいという点について「企業が労働者に対してどのような働きを求め、どう処遇に反映するかといった観点から、企業がその手法を工夫して、適切に実施することが基本」としています。各企業にお任せしますよというスタンスです。逆に考えれば、テレワークでの人事評価は、企業の方針次第で変えることができるということです。

《コラム》優秀な社員ほど離職？

子育て中で短時間勤務をしている社員は、「短い時間でいかに効率よく仕事をするか」

を常に考えています。しかし、働く時間が短いため、給与が減ります。また、短時間勤務だというだけで「行動」評価を下げる上司もいます。「頑張っているのに正当に評価されない」と感じると、その会社で働き続けるモチベーションが低下します。実際に、短時間勤務になっても、業務効率を高めて従来と同様の業務をこなしているにもかかわらず、子育て中というだけで評価が下がり、それを理由に転職をした優秀な女性を何人も見てきました。企業にとっては、大きな損失ではないでしょうか。

九、会うことを大切にせよ

テレワークをこれだけ推奨していると、私はテレワーク至上主義だと思われるかもしれません。しかし、実は「テレワークが可能なら、会わなくていい」とは思っていません。人にとって、直接「会う」ことは、とても重要です。会わないと分からないこともたくさんありますし、会うことで、より近い存在になれると思っています。

ただし、「毎日会う必要はないかも」とは思っています。毎日、会社で顔を合わせ、毎日、会社帰りに一杯……というのは、これからの時代は求められていないと思っています。

人は「毎日」のことは当たり前だと感じ、その大切さを忘れがちです。テレワークをするようになり、会う機会が減るからこそ、会うことを大切にしてほしいと思います。

在宅勤務が続き、久しぶりに出社したら上司がうれしそうに話しかけてくれた。「たまにはゆっくり話をしようか」と小一時間だけですが、仕事のこと、家庭のこと、本音で話ができたそうです。毎日出社していた頃にはなかったことでした。

テレワークは「会わなくてもいい働き方」ではありません。「会うことを大切にする働き方」です。もちろん、遠方で働く社員は、簡単には会えません。だからといって、疎遠になるのは仕方ない、と考えないでください。1カ月に一度でも、1年に一度でも会う機会をつくり、その時間を大切にすることで、テレワークはより良い働き方になります。

十、フェアなテレワークを目指せ

ポストコロナの働き方は「ハイブリッド型」になるだろうといわれています。コロナ禍では、感染防止のために、より多くの社員が在宅勤務をしましたが、そのリスクが低下すれば、出社に戻る方針の企業も少なくありません。一方で、働く人は毎日満員電車に乗るスタイルの以前の働き方には戻りたくありません。このため、「出社」と「テレワーク」の両方が可能な働き方が広がると考えられています。

しかし、テレワークを推進する私としては、不安なことがあります。第1章のような間違ったテレワークのまま課題を解決せずに「出社」することになると、出社するほうが「仕事がはかどる」「会社にいるだけでさぼっていると思われない」「仲間がいて孤独にならない」「上司の評価が高まる」となり、せっかくの「テレワーク」が実施しにくくなる危険性があるからです。

［図表14］ 間違ったテレワークを続けてしまった例

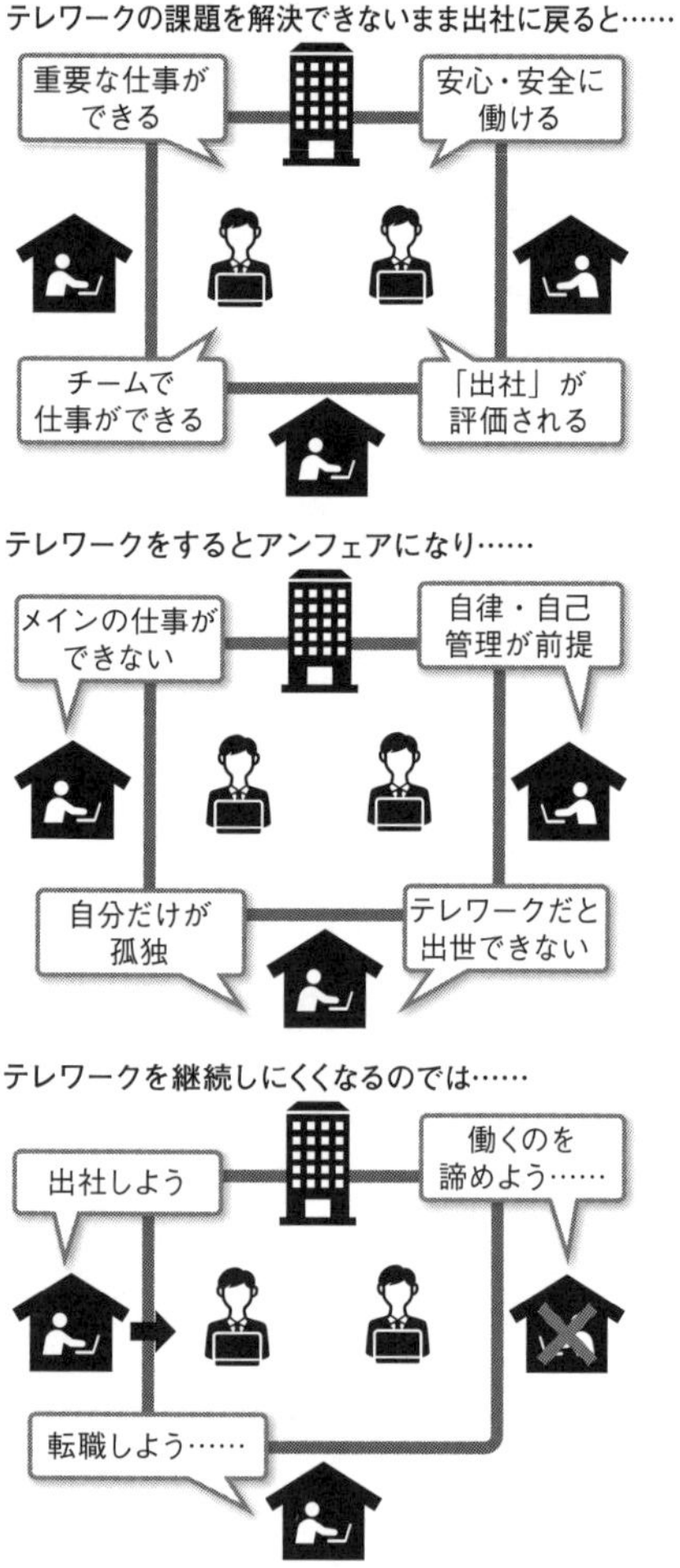

その結果、テレワークの「生産性向上」「人材確保」「災害時の事業継続」などが実現できなくなると、困ります。そうならないよう、ハイブリッド型の働き方を実現し、テレワークを成功させるためのキーワードは、「フェアなテレワーク」です。「業務の遂行」「コミュニケーション」「マネジメント」「評価」において、出社でも、テレワークでもフェアに働けることが、企業の生産性向上はもちろん、社員の心理的安全性の向上にもつながります。

第4章・第5章では、本十か条の心得を実際に実施するための具体的な方法や事例をお話しします。

《コラム》目指すべきハイブリッドな働き方

「ハイブリッドな働き方」は、「出社」と「在宅勤務」の二択のように語られがちです。私自身、「ハイブリッド」と聞いて、ガソリン車と電気自動車のハイブリッドカーを思い浮かべました。しかし、調べてみると、「ハイブリッド」には「複合」「複数」という意味があるそうです。

コロナ禍の影響から、テレワーク＝在宅勤務のイメージが強いのですが、第2章でお話ししたように、テレワークはそれだけではありません。自宅はもちろん、サテライトオフィスだったり、街中のカフェだったり、さらには地方のリゾート地だったり、働く場所はさまざまです。

そう考えると、本来目指すべき「ハイブリッドな働き方」では、オフィスも働く場所の一つとなり、そのときその人が、最もパフォーマンスよく働ける場所で働くことになるのではないでしょうか。さまざまな場所でフェアに働ける社会を実現したいものです。

［第4章］

テレワークでのコミュニケーション実践のポイント

［図表15］　多種多様なコミュニケーション

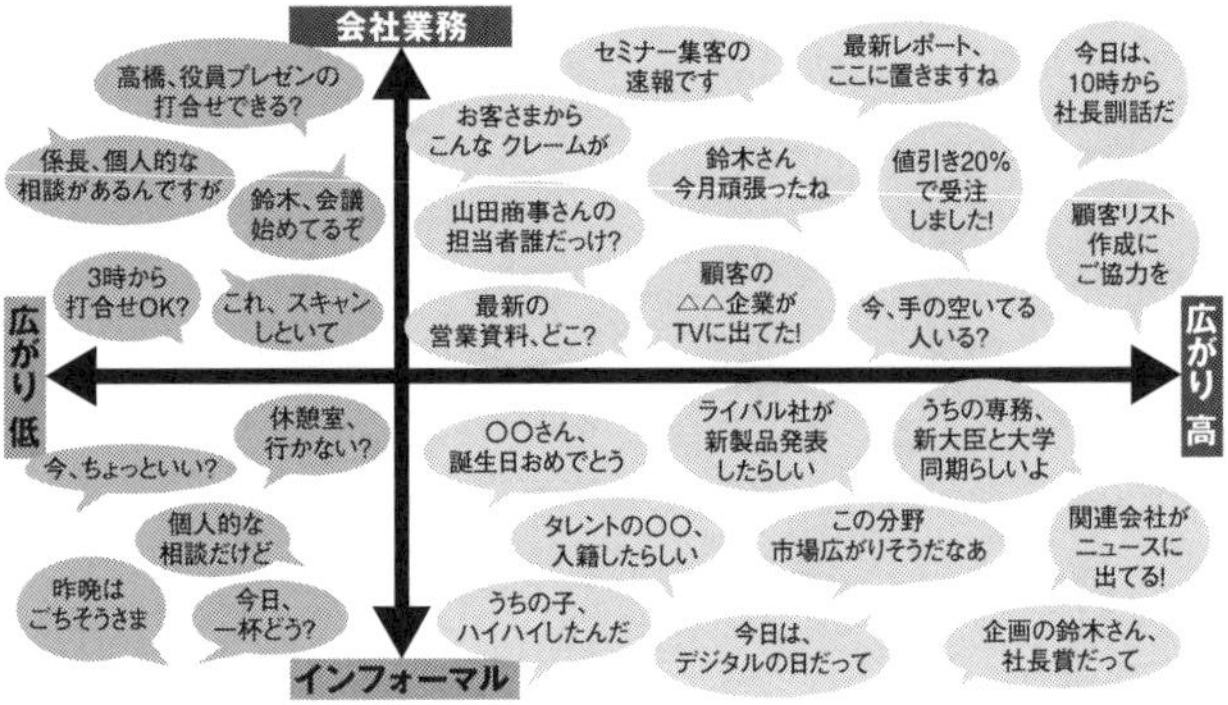

コミュニケーションを5つに整理する

テレワークの実施において、「コミュニケーションが取りにくい」というのは、必ずといっていいほど出てくる課題です。

しかし、一言で「コミュニケーション」といってもその種類や内容はさまざまです。まずは、これまでオフィスでどんなコミュニケーションを取ってきたかを整理することから始めましょう。

上の図を見ると、オフィスに集まって仕事をすることで、実に多種多様なコミュニケーションをしていたことが分かりますね。ここでは、テレワークのコミュニケーションをよりリアルに近づけるための重要な要素について、5つに分類して

［図表16］　テレワークのコミュニケーションの重要な要素

リアルタイムの対話	いかに、リアルに近づけるか
話しかけるきっかけ	いかに、声を掛けやすくするか
チームの業務進行	いかに、確実にやりとりするか
インフォーマルな会話	いかに、自然に共有するか
チームの一体感	いかに、一体感を醸成するか

みました。

(1) リアルタイムの会話

同じ時間に、相手の顔を見ながら、口頭で会話をします。テレワークの場合、ウェブ会議ツールを使ったミーティングや1オン1の面談が該当します。ここで重要なことは、ネット環境を整え、ストレスなく会話ができること。そして、きちんと相手の目や表情を見て、リアルに近い形で話をすることです。

(2) 話しかけるきっかけ

会議のようにあらかじめ時間と場所が決まっているコミュニケーション以外は、なんらかの「声掛け」から会話が始まります。テレワークでは、オフィスのように今の相手の状況が見えにくくなります。声掛けがしやすい環境をいかに用意するかが、テレワークのコミュニケーション活性化の肝になります。

（3）チームの業務進行

いわゆるホウレンソウのコミュニケーションです。仕事を進めるうえで、最も重要であるにもかかわらず、現状のテレワークでは、オンライン会議や、チャットツールでの短い会話にとどまっています。業務のコミュニケーションがきっちりデジタル化されていないため、「出社」に戻っている企業も少なくありません。

このコミュニケーションは、プロジェクトごとに進行し、また、会話のやりとりも長く、複雑になりがちです。しかし、これをデジタル化することで、テレワークでも、チーム業務をしっかり進めることができます。また、経緯を記録として残すこともでき、上司への報告や、トラブル時の迅速な対応が可能になります。「言った、言わない」の議論もなくすことができます。

（4）インフォーマルな会話

テレワークでなくなったとされる「雑談」コミュニケーションです。コロナ禍で多くの社員がテレワークしたことで、その重要性を認識した企業は少なくありません。仕事に直接関連しない何気ない会話が、社員同士のつながりを強化し、チームの一体感を醸成し、さらには、仕事のアイデアも生まれやすくします。

（5）チームの一体感

チームとしての一体感、さらにメンバーの信頼感の醸成が、チームの生産性を向上させます。チームの一体感というと、日本らしい視点のようですが、Googleが生産性向上の要素として推奨している「心理的安全性」にも近いと思います。

以上を踏まえて、オンライン会議の改善から、声掛けしやすく雑談しやすい場づくり、ホウレンソウのデジタル化、一体感の醸成、チームのつながり強化まで、第4章では、コミュニケーションの実践ポイントについて、お話ししましょう。

オンライン会議を改善する

コロナ禍のテレワークにおいて、最も普及したのが「オンライン会議」ではないでしょうか。Zoom や Teams、meet などのウェブ会議ツールを使って、離れた場所にいる人と面談や会議をするのが当たり前になりました。2020年度のウェブ会議市場は前年度の2倍強となり、257億円でした（株式会社アイ・ティ・アールによる調査）。今後も伸びていくことが予想されています。

しかし、オンライン会議は、準備が大変なのでやりたくない、オンラインだと会議が盛り上がらない、相手の意図が汲みにくい、意見を言いにくい、話を理解しているのか分からないなど、リアルでの対面コミュニケーションにはかなわないという意見もよく耳にします。インターネットの回線やパソコンや機器などの環境が原因の場合もあるのですが、会議の進行やルールなど、運用面で改善できることも少なくありません。ここでは、オンライン会議を改善する具体的な方法についてお話ししましょう。

（1）オンライン会議室を活性化する

「オンライン会議だと意見があまり出ない」とよくいわれます。確かに、リアルな会議に比べてほかの人の様子が分からず、話を切り出すタイミングをつかみにくいですね。司会やファシリテーターから全員に対して、「意見のある方、どうぞ」と言われたら、なおさらです。マイクをオンにして話し始めるには勇気がいります。また、誰かとかぶるのではないかと思うと、無理して発言しないほうがいいかなと思ってしまう人もいるでしょう。

オンライン会議に限ったことではないですが、ここは、司会の腕の見せ所です。リアルの会議以上に、話すきっかけをつくる必要があります。発言シーンや、参加者の状況により、使い分けてください。

・ウェブ会議ツールの「挙手」機能を使う

ほとんどのウェブ会議に「挙手」の機能があります。「発言を希望する人は、挙手ボタンを押してください。順番に司会から指名していきます」と伝えると、参加者はほかの人たちの様子を見つつ、挙手をしてくれます。参加者リストには挙手した順番に名前が並ぶので、発言者としては自分の順番が分かって安心です。

・チャットに発言希望であることを投稿してもらう

挙手機能を使わずに、チャットに発言希望を促すケースもあります。ただし、ほかのメッセージがあると、見落としてしまうことがあるので注意が必要です。

・司会者から指名する

「〇〇さん、ご意見あればどうぞ」と、司会者が指名するのもいいでしょう。指名される可能性があることを参加者が認識することで、緊張感を保つ効果もあります。

・司会者が順番に指名する

授業などで、席順に当てることがありますね。全員の意見を聞きたい場合は、一人ずつ順番に指名するのもいいでしょう。ウェブ会議ツールは、個々の画面で表示の順番が異なることが多いのですが、ツールによっては、これを固定することが可能です。Zoomの場合、ギャラリービューにすると参加者の順番をドラッグ&ドロップで変更することができます。順番が決まれば、右上の「ホストのビデオの順番に従う」を選択しましょう。

・本当に挙手をする

ウェブ会議ツールの挙手機能をご紹介しましたが、実は私のおすすめは「リアル挙手」です。カメラに向かって手を挙げると、いかにも発言しますという感じがします。少し照れくさいかもしれませんが、場を和ませる効果もありますよ。

《コラム》匿名だと質問や意見がしやすい?

いろいろ工夫をしても、日本の会議は海外に比べて発言が少ないのは否めません。「こういう発言をすると、ほかの人はどう思うだろうか」「正直に意見をいうと、後で困ることになるかもしれない」などといったことを気にしてしまうのが、発言を躊躇する一つの原因でもあります。

とある企業研修で、匿名で質問や意見を受け付けたところ、たくさんのものが寄せられました。シャイな日本人らしいなと思いました。研修後の感想では「ほかの社員の本音が聞けて良かった」という意見が多かったです。より意見を引き出すには、無理を強いるのではなく、発言のハードルを低くしてあげることが重要ですね。

なお、こうやって発言してもらえたときには、司会はもちろん参加者も、聞いているという反応をしっかり届けましょう。意見に賛同するときは、しっかりうなずいてください。逆に発言に対して何かあれば、少し首を横に傾けて、それを伝えるのもいいでしょう。聞く人の正直な反応が、オンライン発言者に安心感をもたらしてくれます。それが「また発言しよう」という気持ちにつながります。

(2) オンライン会議の緊張感を保つ

オンライン会議はリアル会議に比べて緊張感がない、という意見もあります。自宅からでも簡単に参加できる分、移動して参加する重みがないのかもしれません。あるいは、手元ではほかの仕事をしながら耳だけ傾けている人がいるかもしれません。ただし、オンラインとはいえ、会議であることには変わりません。緊張感をもって会議に臨んでもらうには、やはり運営側の工夫が必要です。

オンライン会議に緊張感を保って参加するためのいちばんの方法は、会議のカメラをオンにして参加することです。表情が見えていれば、会議に集中しているかどうかが分かります。表情から、会議に集中していないかもと思う人がいたら、意見を求めたり、質問をしてみましょう。一気にその会議の緊張感が高まります。

また、事前に会議に参加するルールを明確にしておくことも重要です。「会議中はカメラをオンにして、自分が発言するとき以外はマイクをオフにする」という運営が多いようです。また前述の発言の仕方や、会議に表示される名前の記載方法なども説明しておくといいでしょう。

《コラム》部下に「カメラをオンにして」と言いにくい

「カメラをオンにすることを強制するとパワハラになるのでは」という相談を受けたことがあります。上司の方が悩むということは、会社として、オンラインでの社内会議や面談時の運用ルールが定められていないということかと思います。できれば会社、部署単位でもいいので、オンライン会議では、カメラをオンにすることをルールとすることをおすすめします。以前は、カメラにプライベートな自宅が映り込むことが問題になりましたが、最近はほとんどのウェブ会議ツールで、「バーチャル背景」や「背景をぼかす」機能があります。カメラをつけることを基本としつつ、インターネット回線の調子が悪い、ウェブカメラが壊れている、あるいはカメラをオンにできない特別な事情がある場合は、カメラオフでも許可する形がいいでしょう。

ちなみに、「パジャマだから」とか「お化粧していないから」というのは、私だったら「事情」としては認めません。在宅勤務であっても出社するときと同じ身なりにすることは当たり前であり、在宅勤務だから許されるということではありません。

(3) ハイブリッド型会議をフェアにする

第3章の十か条の最後に「十、フェアなテレワークを目指せ」という項目を記載しました。コロナ禍ではほとんどの社員がオンライン参加で、みんなが同じ立場。通信環境の確保等の問題はあるものの、全員が「フェア」に会議に参加できていたと思います。

しかし、ポストコロナのハイブリッド型テレワークの場合、出社する人と、テレワークしている人が混合状態で参加する「ハイブリッドな会議」が増えることになります。テレワークで参加する人が少数派になると、「誰が発言しているのか分からない」「会議室での参加者の表情が見えず不安」「オンラインだと発言しにくい」といった問題が出て

[図表17]　理想のハイブリッド型会議

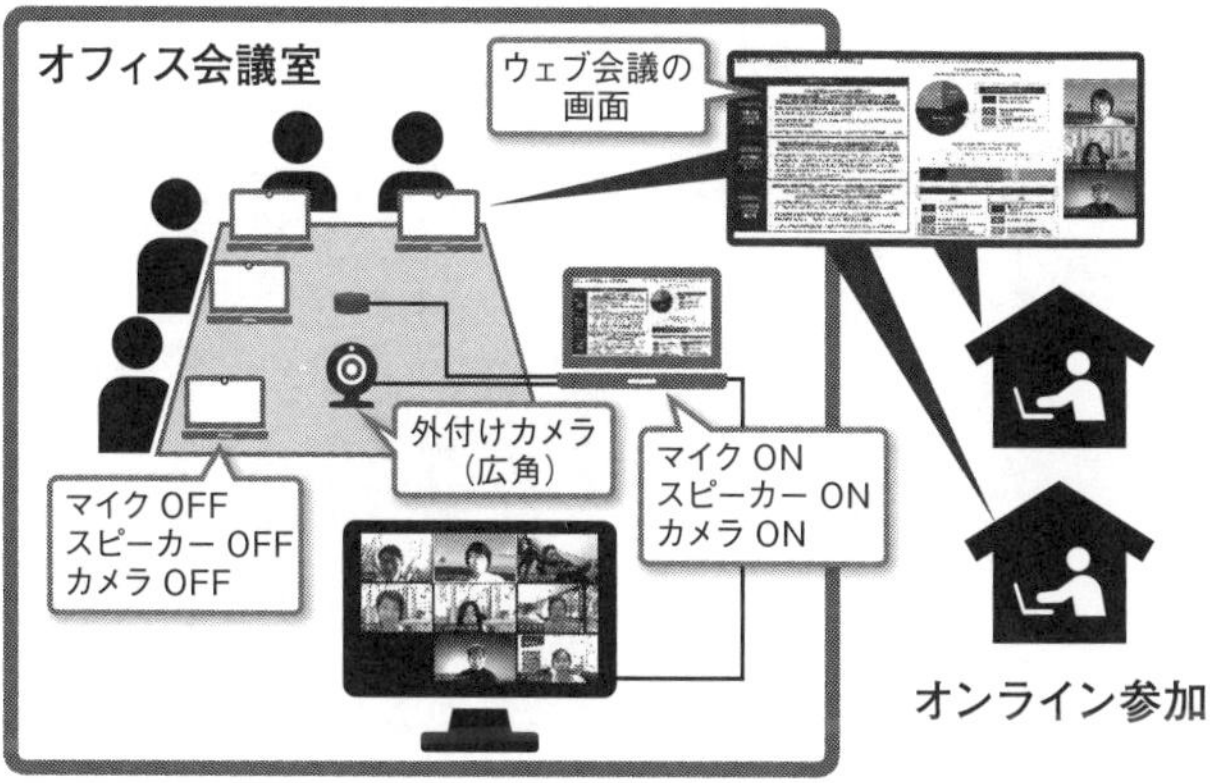

くることが予想されます。

会議室でリアル参加をしている人たちが、「この資料のここだけど……」「それいいね！」など、机の上の紙資料を指さしながら話が盛り上がってしまうと、オンライン参加者は蚊帳の外になってしまいます。こういった会議が続くと、重要な会議の日は無理をしてでも出社しなくては……となり、せっかくのテレワークが後退しかねません。

オンライン会議は、テレワークの第一歩です。まずは「ハイブリッド型会議のフェア化」に挑戦しましょう。

上の図は、私が考える理想のハイブリッド型会議です。

多くの会議室には、スクリーンやモニターが設置されていると思います。ウェブ会議用のパソコンを大きな画面に接続してください。通常の会議だと、会議で使用する会議資料を投影しますが、私が提案するハイブリッド型会議では、オンライン参加者を優先して映します。オフィスの会議室から参加している人に、オンライン参加の方の存在を意識してもらいたいからです。

オフィスの会議室参加者は、できればパソコン、なければ紙で確認します。オフィス会議室のパソコンには、外付けカメラ（広角）を使用しましょう。会議オフィス参加者の顔が見えるように、半円状に着席するなど工夫してください。また、スピーカーマイクを使って、会議室の音声をしっかり拾いましょう。オンライン参加者はいつもの会議と同様に参加すればＯＫです。

ハイブリッド型会議で重要なことは、「お互いの顔が見えること」「お互いの声が聞こえること」「同じ資料を共有すること」です。当たり前のことですが、オフィスの会議室側が意識・配慮することで、実現できます。

雑談しやすい「場」と「雰囲気」をつくる

前述のテレワークのコミュニケーションにおける5つの要素のなかで、「インフォーマルな会話」は、テレワークを実施している企業からの相談が多いポイントです。ここではテレワークでも「雑談」を起こすにはどうすればいいかについて、具体的にお話ししたいと思います。

(1) 雑談はどこから起こるのか?

オフィスに集まって仕事をしていたときには気軽に同僚と雑談ができたのに、テレワークになると雑談の機会がなくなり、孤独を感じる人が多くいます。さらに在宅勤務の期間が長引き、その孤独が増すことで、メンタルを壊してしまった社員の話も耳にします。テレワークで通勤しなくていいメリットは実感しているものの、孤独を感じてしまった社員は、「会社に出社したい」という思いが強くなるでしょう。

テレワークでも「雑談」が自然にできるようにするにはどうすればいいか。ここでは、まず、オフィスでは意識していなかった「雑談」が、どこで、どのように発生していたか、考えてみましょう。

コロナ前は、社員の大半がオフィスに出社し、毎日約8時間という時間を過ごしていました。ただし、ずっとパソコンの前にいて仕事をしていたわけではないと思います。打合せで激論する時間もあれば、集中して資料を作る時間もある。電話の対応をしていたこともあるでしょう。一方で、お手洗いに席を外すことも、コーヒーを入れにいくことも、気分転換に体操することも、そして雑談をすることもありました。

それが、テレワーク、特に在宅勤務だと、自宅で8時間、集中して仕事をし続けなくてはいけないような雰囲気になってはいないでしょうか。現実的に、人が8時間も集中して仕事をできるはずがありません。諸説ありますが、大学の授業が90分なのは、それが限界だからではないでしょうか。オフィスでは、前述のように、会議など異なる仕事をしたり、適宜休憩を取ったりしていたはずです。

ところが、第1章の間違ったテレワーク「(1) 仕事を切り出すテレワーク」に書いたように、在宅勤務のときには「切り出しやすい、一人で集中してはかどる仕事」が多くなるのではないでしょうか。そばに上司も同僚もいない集中型の在宅勤務。何も対策を取らなければ、休憩や雑談がしにくい状態が続くと、メンタルを壊す人がでてきても不思議ではありません。

そんなテレワークの状況に陥っている企業から、在宅勤務時の雑談対策として、こんな相談がありました。

「チャットに『雑談部屋』を用意したのですが、誰も利用しないんです。どうすればいいですか？」

そもそも、オフィスに「雑談部屋」ってあったでしょうか。しいていえば、「給湯室」や「喫煙室」ですね。しかし、その場所に行くには、「お茶を入れる」「タバコを吸う」などの目的があったはずです。雑談に「目的」はありません。「雑談部屋」に人が集まらないのは当然だと思います。では、どのような「場所」で、どんな状況なら、雑談が生まれるのでしょうか。

・気心の知れた仲間がいる「場所」
・話しかけてはいけない状態（会議中や電話中）の人がいない「場所」
・雑談をしてもよい雰囲気の「場所」

雑談は、この3つの条件が揃う「場所」で、誰ともなしに、自然に発生するのではないでしょうか。つまり、テレワークでもこの条件が揃う「場所」を用意すれば、気軽に声を掛けつつ、雑談が生まれるのではないでしょうか。

(2) バーチャルオフィスの雑談しやすい「部屋」

具体的な事例として、弊社の例をお話ししましょう。弊社は、バーチャルオフィス上に、いつでも声掛け、雑談をしてもＯＫの部屋を用意しています。社内会議やお客さまとの打合せ、電話対応などをしていない社員が、普通にいつもの作業をする部屋です。

従来の一般的なオフィスでは、部や課のメンバーで机を並べ、係長やチームリーダーの顔が全員見えるように配置している、いわゆる「島型」のレイアウトが多くありました。

［図表18］ 島型レイアウトのオフィス

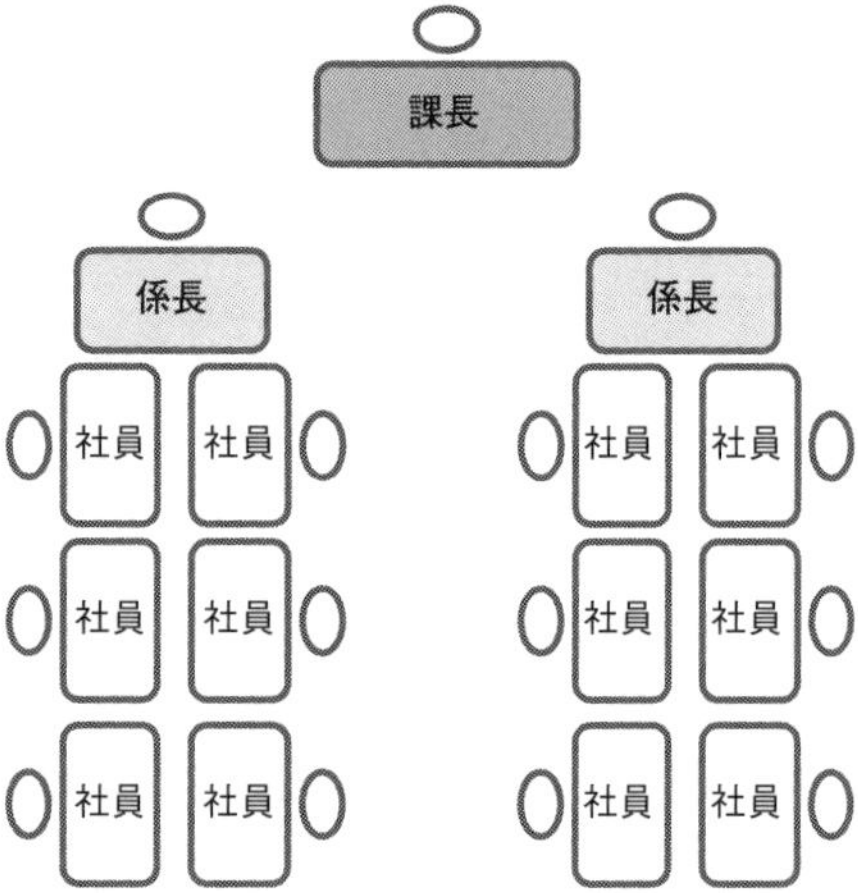

［図表 19］　バーチャルオフィス「Sococo」

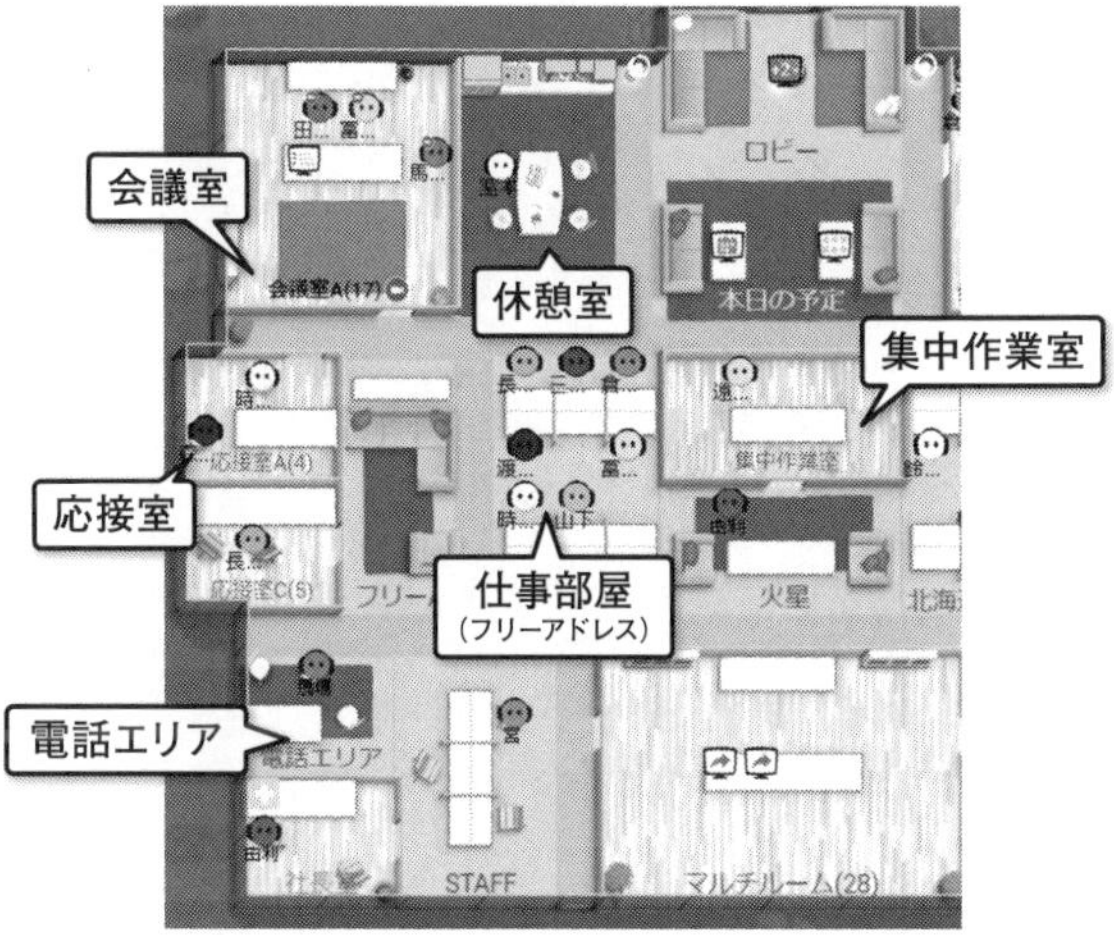

あらためて見ると「話しかけやすい」レイアウトだったのかもしれません。ただ、このレイアウトだと、別の部署の人とは話しにくいですよね。そこで最近は、社内におけるコミュニケーションの活性化や仕事スペースの削減という目的から、「フリーアドレス」を採用する企業が増えてきています。フリーアドレスであれば、普段接する機会のない別部署の人と話をする機会が生まれます。ちょっとした雑談から、新しい仕事のアイデアや部署を越えたコラボレーションが生まれることが期待されています。まさに今、テレワークで求められている「雑談」と同じですね。

弊社が利用しているバーチャルオフィス「Sococo」のレイアウトを見てみましょう。

社員は全員在宅勤務が基本ですが、朝9時にこのバーチャルオフィスに出社し、終業時間まで、このオフィスで仕事をします。会議のときには会議室に移動し、お客さまがいらしたら応接室で対応します。電話がかかってきたら、電話エリアに移動して電話に出ます。

それ以外の時間は、「仕事部屋（フリーアドレス）」に入り、資料作成など、自分の仕事をします。つまり、この部屋にいるときは、雑談が生まれる「場所」の3つの条件のうち、「気心の知れた仲間がいる」「話しかけてはいけない状態ではない」をクリアしていることになります。

(3) 話しかけやすい運用ルール

3つめの条件である「雑談をしてもよい雰囲気」についても説明します。雰囲気というのは、部屋を利用する人の意識次第です。この場所では、「気軽に話をしていい」「安心して話ができる」さらに「積極的に話しかけたほうが、ほめられる」ぐらいまで、社員の意識を醸成できるといいですね。

ちなみに、弊社のバーチャルオフィスでは、リアルなオフィスと同様に、部屋に入って話しかけることができます。すると、その部屋にいる全員に聞こえます。全員在宅勤務にもかかわらずこのような運用ができているのは、就業中は、カメラとマイクはオフにしつつ、スピーカーはオンにするというルールを徹底しているからです。

そのうえで、「この部屋は、雑談推奨です。声でもチャットでもいいので、部屋にいる人たちに、積極的に話しかけましょう」としています。全員の意識を統一できれば、この部屋は、「雑談をしてもよい雰囲気の場所」になります。

ただし、配慮も必要です。雑談推奨だからと、雑談が多くなり過ぎるのも困ります。自分の仕事に集中したい社員にとっては、仕事の妨げになりかねません。そこで、弊社では、別に「集中作業室」を用意しています。話しかけられては困るという人は、その部屋に移動すればいいですね。また、雑談から面白いアイデアが浮かび、話が盛り上がってきたら、話を続けたい人と一緒に別の部屋に移動するといいでしょう。弊社のバーチャルオフィスでは、ちょっと話をしたいときのために、「会議室」とは別に「フリー」という部屋も用意しています。

《コラム》バーチャルオフィス「謎の部屋」の正体

弊社のバーチャルオフィスに、「火星」という部屋があるのを気づかれた方はいらっしゃるでしょうか。何の部屋だろうと、不思議に思われたと思います。これは、「就業時間中にちょっと席を外す」ときに入る部屋です。具体的には、お手洗いに行ったり、コーヒーを入れに行ったり、在宅勤務だと宅配便が届いて対応したりすることもあります。この部屋に入るのは、だいだい15分以内としています。もちろん、仕事時間として扱います。

ある在宅勤務者から「在宅勤務中に上司からの電話に出ることができなかったら、さぼっていると思われるかもしれない」と、トイレにまでスマホを持って行っているという話を聞き、設置した部屋です。

ちなみに部屋の名前は「お手洗い」としたくないので、社員がいつでも名前を変更できるようにしました。「火星」だったり「ロンドン」だったり「草津の湯」だったり……。仕事部屋に戻ってきた同僚に「温泉、どうだった?」なんて冗談を言いつつ、雑談が生まれるきっかけにもなるといいですね。

「ホウレンソウ」をデジタル化する

テレワークのコミュニケーションにおける5つの要素のなかで、「チームの業務を進行」は、テレワークにおいて生産性を向上させる重要なポイントです。それにもかかわらず、コロナ禍では、ウェブ会議ツールやチャットツールに注目が集まり、多くの企業がチーム内のコミュニケーションのデジタル化まで取り組んでいなかったのではないでしょうか。

このことが、感染者の数が減ると出社する社員が増える現象につながっていると思います。実際に「チームの業務進行」をオンラインでできるようにした企業は、出社に戻らず、テレワークをさらに推し進めています。

ここでは、チーム業務のコミュニケーションの基本である「報告・連絡・相談（ホウレンソウ）」のデジタル化のポイントと事例をご紹介します。

（1）ホウレンソウのデジタル化は、これからのビジネスの要

「報告・連絡・相談」を指す「ホウレンソウ」は、「組織の血液」に例えられるほど、ビジネスにおいて重要な要素です。テレワークによる生産性向上を目指すのであれば、「ホ

ウレンウ」のデジタル化は、避けて通ることはできません。
それでは、ホウレンソウとは具体的にどういう内容かを確認しましょう。

【報告】業務の進捗／成果（アウトプット）の報告

上司からの業務指示に対して、その業務の進行状況や、結果を報告することです。トラブルが発生したときはもちろん、順調に進めているときでも、こまめに報告することが重要です。

【連絡】情報の共有／確実な伝達

業務に関する情報を関係者に伝えることです。上司や同僚への発信はもちろん、ほかの部署からの連絡もあります。確実に伝達することが重要です。

【相談】業務の課題／勤務上の課題

仕事を進めるうえで、判断に迷うときや意見を聞いてもらいたいときに、上司や先輩、同僚に意見を聞き、アドバイスをもらうための相談です。早めに相談することが大事です。

これらのホウレンソウは、これまで主に上司と部下間でのコミュニケーションとされていました。しかし、チームで業務を進めるうえでは、チームメンバー全員がホウレンソウを共有することで、よりスムーズにより確実に業務を進めることができます。しかしこれまでは、ホウレンソウの多くが口頭で実施されてきたので、共有自体が難しかったのかもしれません。

テレワークで「ホウレンソウ」を実施するためには、これまで口頭で実施されてきたことをデジタル化する必要があります。デジタル化されれば、チーム全体での共有が容易になります。「部下への指示は、目の前で口頭でしたほうが早くて、伝わりやすい」という人も多いかもしれませんが、それを乗り越えることで、業務の効率が大きく変わり、会社全体の生産性が向上します。

テレワークのためだけではなく、企業のＤＸ（デジタルトランスフォーメーション）の一環として、取り組んでいただければと思います。

《コラム》口頭で指示するのはいけないこと？

「ホウレンソウ」をデジタル化しましょう、という話をしたとき、企業の管理職の方から「テレワークする人はそれでいいのだろうけど、出社して目の前に部下がいるのに、口頭で指示してはいけないということですか？」と指摘されました。

いいえ、そうではありません。今までどおり口頭で指示をしていただいて、まったく問題はありません。ただ、その場で指示が終わってしまうと、チームで共有することができません。口頭で指示した内容をデジタル化して、チームで共有することが大事です。口頭で指示された部下は、その内容をメールやチャット、社内ＳＮＳなどに共有することをルールにしてはどうでしょうか。チーム内での情報の共有はもちろん、その過程で指示内容の整理や確認もでき、確実な業務遂行につながります。

ちなみに弊社では、口頭で指示したことでも、「オンラインで共有できていなければ、なかったものとみなす」というルールがあります。厳しいようですが、これを全員が徹底することで、最も重要な「業務遂行」における「ホウレンソウのデジタル化」が可能になり、出社とテレワークの「フェア」を実現することができます。

(2) チーム型ホウレンソウツールを求めて

私は、適切なテレワークを実施するためには「ホウレンソウのデジタル化」が重要であることを15年以上前から認識していました。「テレワークでも、チームでのコミュニケーションができるＩＴツールが必要」と探したのですが、そもそもテレワーク自体が知られていない時代に、そんなツールはありません。

当時は、ネットでのコミュニケーションの基本はメールでした。そして、複数のメンバーで情報を共有する方法として「メーリングリスト」がよく利用されていました。メーリングリストは、特定の宛先にメールを送ると、登録されている全メンバーに届くという仕組みです。このため、届くメールの数が多くなり、自分宛のメールを見落としたり、話の流れが見えなくなったりと、私がイメージしているような「チームのホウレンソウ」ツールとしては不十分でした。

そこで、仕方なく自社で開発することにしました。そしてできたのが「Pro.メール」です。このシステムではメールをベースにし、メーリングリストの問題点を解決することができました。その際こだわったのは、次の４つです。

・プロジェクトごとに管理ができる
・自分宛のメールを見落とさない

・話題ごとにやりとりの経緯が見える（スレッド）
・直接関連していない業務や別チームの様子がなんとなく分かる

Pro.メールは、弊社のテレワークでの業務効率を大幅に向上させてくれました。社員全員がテレワークでも、チーム全体で「ホウレンソウ」を共有できたからです。

しかし、世間でクラウドサービスが普及するなか、愛着はあるものの、いつまでもローカルにデータを置くメールツールを使い続けることはできません。

数年前からPro.メールに代わるコミュニケーションツールを探し始めました。しかし、なかなか、先の4つのこだわりに答えてくれるツールに出合うことができませんでした。

諦めて、既存のクラウド型のコミュニケーションツールを工夫して使うことにしようとした2017年頃、とうとう出合うことができました。

それは、個人のSNSとして日々愛用していたFacebookのビジネス版「Workplace from meta」（以降はWorkplace）でした。アメリカでは「社員の関係性を深めるためのエンゲージメントツール」として発売されていました。業務のコミュニケーションをすることを目的とはしていません。しかし、使えば使うほど、私がイメージしていた「チーム型ホウレンソウ」に適したツールだったのです。

(3) Facebookのノウハウを活かした「ホウレンソウ」ツール

私がFacebookのビジネス版「Workplace」に魅力を感じた理由は、単に「ホウレンソウ」を実現するだけでなく「Pro.メール」でこだわった「ほかのチームの会話もなんとなく分かる」からでした。これは、特別に付加した機能というよりは、Facebookという、友達との交流を深めることを目的としたツールの長年のノウハウが実現してくれるもので、ほかのチャットツールやSNSにはなかったものです。

Workplaceとの出合いにより、ようやくPro.メールを卒業し、弊社の「ホウレンソウ」ツールは、Workplaceに置き換わりました。

Workplaceを使った、弊社のホウレンソウをご紹介しましょう。

【報告】

業務のプロジェクトごとにグループを作成し、参加メンバーは、すべてのホウレンソウをそこで行います。リーダーからの指示も、同僚からの依頼も、また、それに対する進捗状況や報告も、Workplaceで実施します。そして、そのやりとりの様子は、ほかのメンバーも読むことができます。

【連絡】

業務プロジェクトとは別に、社員同士の連絡用プロジェクトや、勤怠連絡、社内通達などのグループがあります。社内ルールでは、自分がタグ付けされた投稿、あるいは全員宛のプロジェクトの投稿は、必ずアクション（「いいね」等）をすることになっています。そして、そのやりとりの様子は、ほかのメンバーも読むことができます。

【相談】

困ったことや、相談ごともWorkplaceを使います。Aさんがリーダーに相談した内容に対して、Bさんが補足をしたり、別のリーダーがフォローをしたりすることもよくあります。なお、ほかの人に知られたくない相談は、Workplaceのチャットで直接連絡するようにしています。

ホウレンソウのやりとり以外にWorkplaceの便利な機能をご紹介しましょう。

投稿に対するコメントは、スレッド（ツリー）で表示できます。「いいね」のアクションとは別に、ハートマークの「超いいね」で返事をすると、「了解しました。そのまま進めてください」の指示になる、というルールを徹底して運用をしています。これにより、忙しい上司からの返答が格段に早くなりました。

チームで「ホウレンソウ」を共有しつつ、確実に届けたい人は、タグ付けをすることで、相手にお知らせが届きます。タグ付けされた人は、必ずなんらかの返事（アクション）をしなくてはいけません。投稿ごとに誰が読んだかがリストで表示されることもあり、「既読スルー」する人はいません。

ほかにも、気軽に社内アンケートができたり、リンク先の資料をプレビューできたり、日時を指定して投稿できたり、業務をスムーズに進める機能がいろいろ用意されています。

さらに、私が最も評価している機能をご紹介しましょう。それは、Facebookを利用されている人ならご存じだと思いますが「ニュースフィード」です。Facebookでのニュースフィードの説明を引用しましょう。

「利用者がFacebookを訪れるたびに、それぞれの人にとっていちばん重要な記事を紹

［図表20］ オフィスでのコミュニケーション

報告・連絡・相談がきっちりできる
いろんな声が聞こえてくる
連絡
Aプロジェクト佳境だな
相談
こんな話題で盛り上がっている！
報告
僕、それ手伝えるよ

介すること。それがニュースフィードの目的です。ニュースフィードは、Facebookでつながっている友達や家族、企業、ニュースサイトなどがシェアする写真や動画、リンク、最新情報などで構成されています。一人ひとりに合わせてパーソナライズされ、リアルタイムで変化します」

このFacebookのメイン機能ともいうべきニュースフィードが、Workplaceにも活かされています。簡単に説明すると、Workplaceにアクセスするたびに、社員一人ひとりにカスタマイズされた最新の「社内新聞」が表示されるのです。

自分宛ではないけれど、同じプロジェクトのAさんとBさんの会話だったり、「フリートーク」で盛り上がっている話題だったり、テンパっているプロジェクトのやりとりだったり、遠く離れたオフィスでの誕生日サプライズの動画だったり……。

このニュースフィードに加え、「トレンドの投稿」というコーナーもあり、まさに社内で盛り上がっている話題を教えてくれます。

仕事のホウレンソウを確認するためにWorkplaceにアクセスすると、社内の最新情報やホットな話題や、興味深い会話が聞こえてくるのです。気になる投稿があれば、気軽にコメントすることで、コミュニケーションが広がります。

オフィスに出社すると、自分に関連する仕事の話だけでなく、いろんな人に会えたり、いろんな情報に触れたりすることができます。それに近い感覚がWorkplaceにあります。

ただし、テレワークする人だけのコミュニケーションツールにしてしまうと、効果は半減以下です。社員全員が使って初めて、大きな効果を生み出します。そして何より、ポストコロナのハイブリッド型テレワークをフェアにするための重要な要素にもなります。

最近の講演では、テレワークを成功させる一つの方法として、「チーム型ホウレンソウ」＋「雑談」が有効という話をしています。これは、Workplaceでしかできないというものではありません。目的や運用のイメージをご理解いただき、お使いのコミュニケーションツールを活用し、会社のツールに合った運用ルールをつくることで、「チーム型ホウレンソウ」＋「雑談」をぜひ実現してください。

《コラム》惚れたツールを販売できる幸せ

私が経営する株式会社テレワークマネジメントは、テレワーク専門のコンサルティング会社です。企業にテレワークを適切に導入いただくお手伝いをするのがメインの仕事です。ただ、業務の見直しや運用ルール、研修だけでは、テレワークはできません。テレワークの課題を解決するＩＣＴツールも必要です。そこで、弊社で運用を重ねたうえでこれはおすすめできるというツールのみ販売し、テレワークでの運用方法も併せてご案内しています。本書で紹介しているバーチャルオフィス「Sococo」やテレワークのマネジメントツール「F-Chair+」などです。

４年前、Workplaceに出合い使い込んでいくにつれ、Workplaceもお客さまに販売したいという思いが強くなりました。しかし、販売元はGAFA企業の「Facebook」。弊社のような小さな企業では販売代理店になれません。でも、２０２１年12月、多くの人のご理解とご協力で、販売パートナーとして契約をすることができました。

コロナ禍でテレワークを実施して続けたいけれど、生産性が……という企業の皆さんに、そのソリューションをご提案できるようになりました。まさに、惚れたツールを販売できる幸せを感じています。

チームのつながりを強化する

テレワークのコミュニケーションにおける5つの要素の最後は、「チームの一体感」です。オフィスという同じ空間で、毎日顔を合わせ、ともに同じ目標をもって働いてきたことで醸成されてきた「一体感」。これをテレワークで実現するのは難しいのではないか、という考えで、「チーム型ホウレンソウ」のデジタル化までできているのに、出社日数を増やす企業もあります。

第3章の「テレワークを成功に導く心得十か条」で書いたように、私も「会うことを大切にするテレワーク」の重要性を認識しています。テレワークはどんなに頑張っても「会う」ことには及びません。しかし、テレワークをする人には、さまざまな事情があります。「海外在住で会えない」「病気や障がいのために会えない」「パンデミックのために会えない」そんな人や状況のために、テレワークでどこまでできるかに挑戦したいと思っています。

［図表 21］　バーチャルオフィスの例

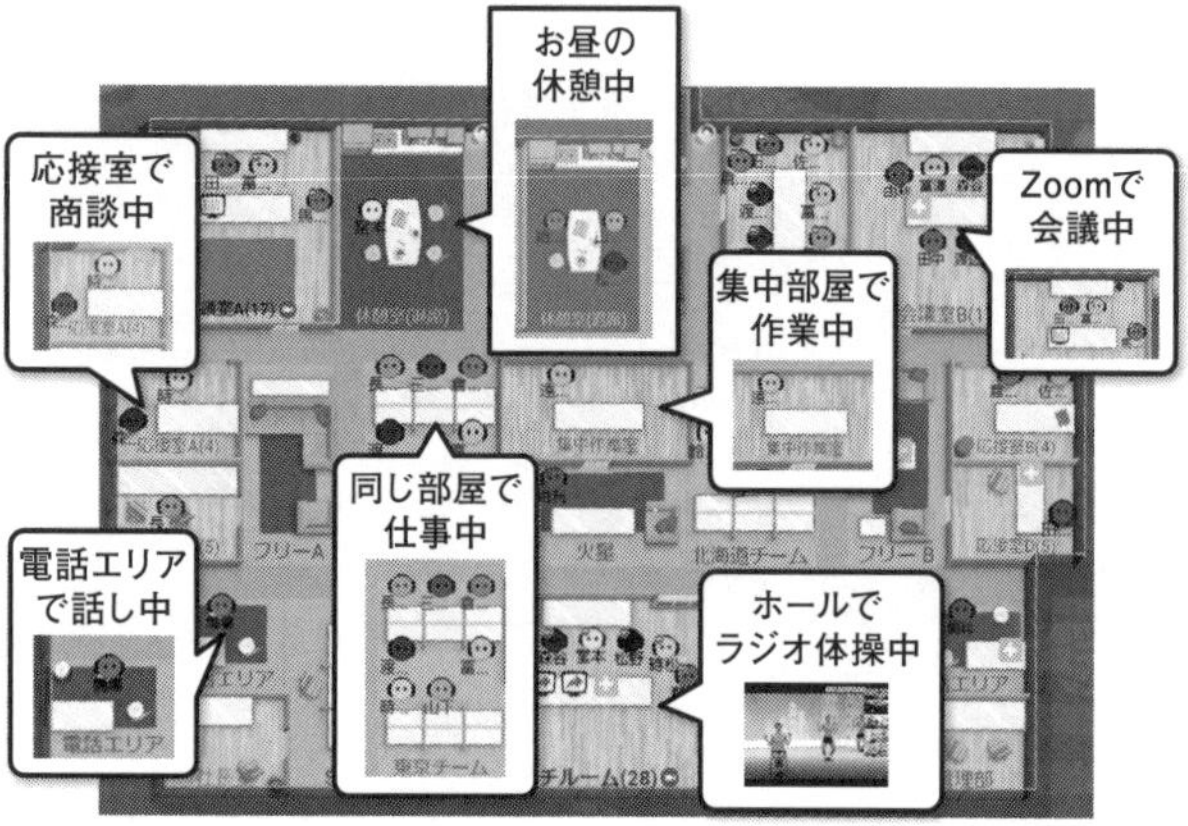

バーチャルオフィスで「一緒に仕事をしている感」

日々、ともに仕事をすることで醸成される一体感は、テレワークにおいても、これまでお話ししてきた「ウェブ会議」「チーム型ホウレンソウ」や「雑談」によるコミュニケーションを活発化させることで効果を得られると思います。ただ、チャットやメール、ウェブ会議などは、やりとりしているときしか、「一緒に仕事をしている」と感じることができません。職種や仕事の内容によっては、やりとり自体が少ないこともあるでしょう。

これに対し、オフィスで仕事をしているときは、同じ場所、同じ空間にいることで、より長い時間をともに過ごすことになります。

オフィスで得られる一体感を、テレワークでもより感じることができる「場」として、バーチャルオフィスが有効であると考えています。

朝、バーチャルオフィスに出社したときの「おはよう。今日もよろしく」という挨拶から始まり、仕事部屋を出入りする同僚、会議室でミーティングをしている様子、集中部屋で仕事をしている同僚、今日は珍しく社長室にいる社長。たとえテレワークでも会社の一員として、今日もオフィスで働いていると感じられる視覚的な経験は、一体感の醸成に大きく寄与するでしょう。

また、バーチャルオフィスでは、「今、誰が何をしているか」を一目で見ることができます。相手の様子が分かることで、話しかけやすくなります。「いつでも話しかけることができる仲間がいる」というのは、仕事を進めるうえでの安心感にもつながります。

《コラム》ウェブ会議ツールで「仮設バーチャルオフィス」

2020年の5月、最初の緊急事態宣言が発令された頃、少しでも適切なテレワークを実施してもらいたくて、「仮設バーチャルオフィス」をおすすめする動画を公開しました。大きな災害で家に被害があった人は、一時的に仮設住宅で過ごすことがあります。自宅ほど快適ではないものの、まずは暮らすことができるというのがありがたいですね。

「仮設バーチャルオフィス」は、パンデミック等で会社に行けなくなったときに、仮設で用意するネット上のオフィスだと考えてください。一般的なウェブ会議ツールを使用し、運用でカバーするので、コストをかけたくないという企業には有効です。

利用するウェブ会議ツールは、ZoomやTeamsなど、すでに利用されているものでOKです。

具体的な運用方法は次のようになります。

・会議のためではなく仕事ルームとして、ウェブ会議をオープンする
・チームメンバーは、始業時間から終業時間までその部屋で仕事をする

[図表22]　仮設バーチャルオフィスの例

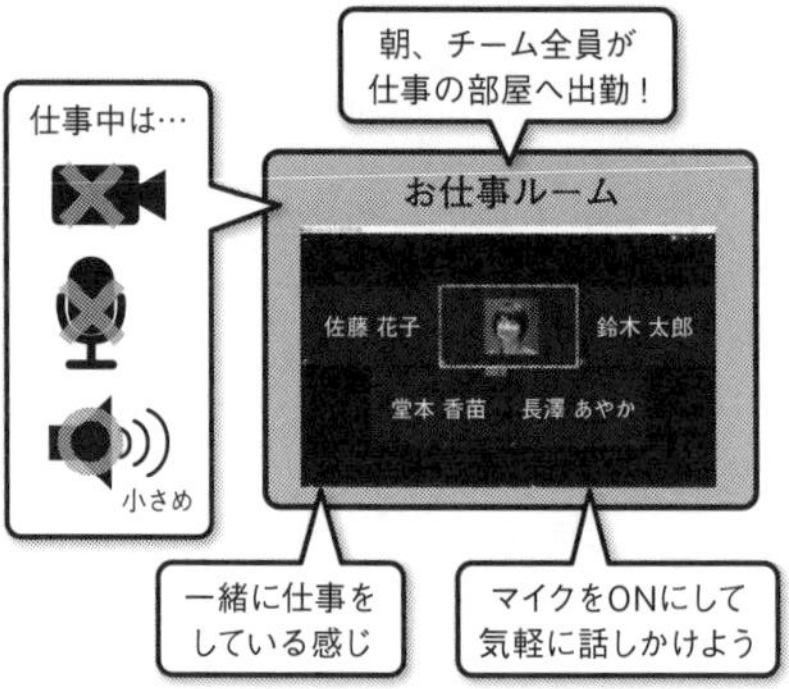
朝、チーム全員が
仕事の部屋へ出勤！
仕事中は…
小さめ
お仕事ルーム
佐藤 花子
鈴木 太郎
堂本 香苗
長澤 あやか
一緒に仕事を
している感じ
マイクをONにして
気軽に話しかけよう

・カメラとマイクは原則オフ。ただし、スピーカーはオンにする
・メンバーに話しかけたいときにマイクをオンにして話しかける

たったこれだけですが、仲間がそばにいて一緒に仕事をしている感覚をもつことができます。朝、入室時に「おはよう」、夕方、退室時に「お疲れさま」とチャットで挨拶するだけで、タイムスタンプが残り、時間も管理できますね。

話しかけると、部屋にいる全員に声が聞こえます。

「山田さん、○○の件はどうなりました？」

「はい、えーと……」

山田さんが答えにつまっていると、別のメンバーが「その件なら私が分かります」と助けることもできます。じっくり話す必要が生じた場合には、別の会議室をつくってそちらで話します。まずは、1日だけでも「一緒に仕事をする感覚」を味わってみてはいかがですか。

オンラインでの新人教育

コロナ禍では、「テレワークだと、新人教育ができない」という相談も多くありました。

弊社でもコロナ禍に2人の新人を迎え入れました。緊急事態宣言下では、応募者とリアルで会うことが難しく、面接はすべてオンラインで行いました。実は、テレワークを基本とする弊社でもコロナ前までは「面接は対面」「入社して3カ月間はオフィス勤務」としていました。

新人向けの研修は、すでにオンライン化されていた業務手順書等を使い、ウェブ会議ツールなどで問題なく実施できましたが、一度も直接会わずオフィスにも来たことがない状況で、会社の方針や雰囲気をどうやったらうまく伝えられるのか。

そこで思いついたのが「バーチャルかばん持ち」です。

オンラインで私が出席するコンサルティング現場、メディア取材、講演、果ては国の会議にまでとにかく新人にも同席してもらうのです。もちろん、あらかじめ相手方には事情を説明し、たいていは快くご了承いただけました。

オンライン同席なので（実物の「かばん」はありませんし）、移動の時間や交通費も不要です。通常の新人研修をオンラインで行いながら、その合間にかばん持ちとして社長に同行する（オンラインなので1日に何件もハシゴできる）というのを数週間続けました。私が各所で語る内容を何度も聞いてもらったので、会社がやっていることや目指していることなどが自然と新人にもしみついていったようです。採用から1年も経たないのに2人とも重要な仕事を担当し、しっかり活躍してくれているのは、このバーチャルかばん持ちの成果だと考えています。

オンラインでもチームビルディング

チームビルディングとは、メンバーの能力・経験を最大限に発揮して目標達成に向かえるチームをつくるための取り組みのことです。ゆえに、実際に会って同じ場所で同じ時間を過ごすことが、チームビルディングの基本です。「テレワークだと、チームのつながりが希薄になる」と、テレワークの推進を断念された企業もあります。

オンラインではチームビルディングができなかったという企業の方に聞いてみると、「オンラインだと会議もぎこちなく、チームとしての一体感をもつまでには至らない」といった答えが返ってきます。何かテーマを与えてディスカッションさせるといったことはしていても、手ごたえがないようなのです。
私は、これは「チームビルディングの段階」をしっかり踏んでいないからではないかと考えました。「さあ、仲良くなりましょう」といって、すぐにできるものではありません。チームビルディングの段階について、整理してみました。

出会う→知る→話す→体験する→協力する→共有する→継続する

それぞれの段階に応じて、「空間」「しかけ」「道具」の用意が必要です。リアルの場でのチームビルディングなら「空間」は研修所やオフィス、フィールドになりますし、「しかけ」は講演、クイズやゲームのようなイベントの企画、「道具」は模造紙や付箋、アスレチックなどになります。

これをオンラインで実現するには、「空間」として、通常のウェブ会議ツールよりもバーチャルオフィスのほうが活用しやすいのではと考えました。弊社のバーチャルオフィス「Sococo」には、さまざまなデザインが用意されており、これを活用することにしました。

そこで、チームビルディングに興味のある都市部企業の人事の方が参加する「オンライン・チームビルディング体験」企画を実施しました。オンラインの2時間のイベントで、初めて会った人たちが「チームとしての一体感」を感じることができるかに挑戦しました。チームビルディングの舞台は、バーチャルオフィスに用意した、冬の北見市です。

1チーム4名で、3チームを構成し、北見市に関連するクイズを解きながら、ゴールのカーリングホールを目指すというものです。

参加した方からは、「直接会っているのとあまり変わらない感じで、チームの距離が縮まった」「楽しくゲームに取り組みながら仲良くなれた」といった感想をもらい、オンラインでもチームビルディングは可能であると確信しました。

同じオフィスで仕事をしていたら自然に「チームの一体感」が醸成されることもあります。しかし、オンラインにおいては、より積極的に取り組み、段階を踏み企画をしていく必要を強く感じています。

［第5章］

テレワークでのマネジメント実践のポイント

テレワーク時の労働時間制度を理解する

テレワークを実施する場合に労働時間制度をどうするかについては、厚生労働省の『テレワークの適切な導入及び実施の推進のためのガイドライン』に詳しく記載されています。ここでは、その基本的な部分について解説します。

まず、「労働基準法」におけるすべての労働時間制度で、テレワークを実施することが可能です。

つまり、これまでのオフィス出勤時と同じ労働時間制度のまま、テレワークを実施することができます。

(1) 通常の労働時間制度

通常の労働時間制度は、法定労働時間に基づき、1週間に40時間、1日に8時間を原則とする働き方です。多くの企業がこの制度のもと、社員を雇用しています。

通常は始業および終業の時間を決める必要がありますが、テレワークにおいては、その日の所定労働時間をそのままとしつつ、労働者ごとに始業・終業時間を柔軟にすることが可能です。その場合は、就業規則に記載する必要があります。なお、繁閑に合わせて、月・年単位で労働時間を調整できる変形労働時間制も同様です。

(2) フレックスタイム制

労働者が始業および終業時間を決定できる制度です。必ず労働する時間帯としてコアタイムを設定している企業も多くありますが、最近は「スーパーフレックス」として、コアタイムを設定しない場合もあります。一人ひとりの状況に応じ、働く時間を柔軟にできるため、テレワークになじみやすい制度といわれています。ただし、労働時間を管理し、清算期間(1カ月や3カ月)において、過剰労働にならないようにする必要があります。

(3) 事業場外みなし労働

労働者が事業場外(通常仕事をしているオフィス以外)で仕事をする場合において、労働時間を算定することが困難なときに適応される制度です。テレワークガイドラインでは、以下の条件をいずれも満たす必要がある、とされています。

・パソコンが使用者の指示で常時通信可能な状態になっていないこと

・作業が随時使用者の具体的な指示に基づいて行われていないこと

最近はインターネットやＩＣＴツールが充実しているため、労働時間を算定することが困難な状況はあまり想定できません。またこの2つの条件を満たすテレワークは、過剰労働やさぼり、また、チームの生産性低下を招く可能性があります。事業場外みなし労働を適応するかどうかは、業務内容や仕事の進め方を考慮して、慎重に判断する必要があると考えます。

（4）裁量労働制および高度プロフェッショナル制度

働く時間を労働者の裁量にゆだねる制度です。ただし、厳しい条件が定められているため、テレワークをするときのみ、あるいはテレワークをするために、適応する制度ではありません。もともと、裁量労働制や高度プロフェッショナル制度の労働者が、テレワーク時も同様の制度で働くことになると思います。

以上が、テレワーク時に適応可能な労働時間制度です。どの制度が適しているかは、労働者の職種、業務内容、裁量などにより企業と労働者で判断することになりますが、「テレワークだから」労働時間制を変更する、「テレワークのときのみ」労働時間制を変更するというのは、企業にとっても、労働者にとっても、負担になるのではと思います。「フェア」なテレワークを実施するという視点からも、従来の労働時間制度をそのままにし、テレワーク時に柔軟に働くことができるよう、就業規則や運用ルールで定めることをおすすめします。

《コラム》テレワークは性善説か性悪説か

企業の管理職の方から「在宅勤務だと、仕事をしているかどうか分からない」という不安の声をよく聞きます。これに対して「部下を信じていないのですか？」「日頃からの関係がうまくいっていないからでは？」と指摘されて、慌てて「私は、部下がさぼるなんて思っていません」と言い直す方もいました。

一方で、「何十人もの部下を全員信じろと言われても……」と、本音をおっしゃる方もいます。部下を信じて管理をしない「性善説」か、部下がさぼることを前提に管理をする「性悪説」か、どちらのスタンスでテレワークを実施すればいいのでしょうか。

最終的には、会社としての考え方次第であると思っています。もちろんすべての管理職が「信じる」ことができればいいとは思います。しかし、不安に思う管理職が少しでもいるのであれば、あえて「性悪説」視点からスタートし、どうすれば、部下がさぼらないで仕事をすることができるか、管理職が安心して部下にテレワークを許可することができるか、という視点があってもいいのではないでしょうか。ただし、そのためにテレワーク時の社員を過剰に管理することになっては、今度は労働者側のストレスが増します。その点はしっかり配慮が必要ですね。

ちなみに私は、「性悪説」からスタートしました。社員も人間ですから、さぼりたいと思うこともあると思います。それを認めたうえで、オフィスにいるときはさぼっていないのはなぜか。テレワークでも、オフィスでの緊張感を保つには何が必要か。そう考え続けて、自社で「F-Chair+」というツールを開発したのが10年前。おかげで「さぼっているのではないか」という管理者としての不安とサヨナラでき、今は「性善説」です。

テレワーク時の時間の管理方法を知る

「テレワークだと、働いている時間を把握しにくい」という声をよく聞きます。しかし、雇用している労働者の労働時間を把握するのは企業の責任です。企業は、テレワークであっても、なんとか社員の労働時間を把握しようと努力しています。実際に企業の方から聞いた方法は、次のようなものです。

① エクセル等の勤怠表に手入力する
② 社内の時間管理システムに、後から手入力する
③ 始業・終業時にメールやメッセージを送り、労働時間とする
④ 仕事用パソコンのログイン・ログオフの時間を労働時間として記録する
⑤ テレワーク対応の時間管理ツールを導入する

①と②については、「自己申告」となります。実は、これだけだと正確な「労働時間」と認められません。テレワークであっても、別途、厚生労働省が定めた「労働時間の適正な把握のために使用者が講ずべき措置に関するガイドライン」に従う必要があるからです。このガイドラインでは、「使用者は、労働者の労働日ごとの始業・終業時刻を確認し、適正に記録すること」と記載されており、その原則的な方法として、

・使用者が、自ら現認することにより確認すること
・タイムカード、ＩＣカード、パソコンの使用時間の記録等の客観的な記録を基礎とし

て確認し、適正に記録すること

とあります。前者「現認」については、テレワークでは難しいため、後者の「客観的な記録による把握」が可能な、③④⑤の方法が求められます。

しかし、課題もあります。「メールやチャットによる始業・終業連絡」の場合、その間の時間に本当に仕事をしているのか分からず、管理職が不安になる傾向があります。「パソコンのログオフ・ログイン時間の記録」についても、同様です。仕事用パソコンにログインしているからといって、仕事をしているとは限らないからです。

そこで、⑤のテレワーク対応の時間管理ツールが注目され、検討・導入をしている企業が少なくありません。テレワーク対応のため、会社に設置されているタイムカードと同様に、始業・終業時に「出社」「退社」を打刻できるからです。また、出社から退社までの勤務状況も把握することができます。「勤務状況の把握」については、ツールによってそれぞれです。代表的なものを挙げてみましょう。

① 作業中の社員の様子を記録する
② 作業中のマウスの動きやキーボードの打刻状況をチェックする
③ 使用しているアプリの時間を記録する

④作業中のパソコン画面を記録・録画する

どれも「帯に短しタスキに長し」の感はあるものの、このような機能があることで、「さぼりを抑制する」効果はあると思います。ただ、仕事中の顔を記録したりするのは、抵抗感やストレスを感じる社員も少なくありません。社員にストレスがかかるような過度な「監視」は、テレワークをする人を減らすことになりかねません。

安心して働けるマネジメントを目指す

第3章の「五、安心して働ける『柵』を用意せよ」で、「羊」の話をさせていただきました。これまで羊舎で飼われていた羊たちに自由を与えたいからと、突然、野原に放つとどうなるでしょうか。羊たちは、戸惑い、これまでなかった危険にさらされます。そしてもし、羊たちが襲われてしまったら……これは羊飼いにとっても大きな損失です。

まずは、羊たちを守る「柵」を用意し、その中での自由を与えつつ、安心して暮らせる環境を用意することが、羊飼いにも恩恵をもたらすのだと思います。

実は、長年「テレワーク時のマネジメント」という課題と向き合ってきた私の一つの結論が、この羊の話なのです。過度な監視・管理ではなく、安心できる「柵」を用意できな

離れていても安全・安心に働くことができる
社員が効率よく働ける場所の選択肢
「禁止」ではなくセルフマネジメントを育成するルール
チームでの心理的安全性の確保
能力をフェアに評価される制度
最大のパフォーマンスを発揮できるマネジメント

いか。その「柵」の中では、個人の判断で時間や場所を柔軟にして働くことができる。「管理主義」でもない、「放任主義」でもない。日本の働き方、日本の法律に則した、新しい形のマネジメントが求められているのだと思います。

新しいマネジメントツールを知る

「そば屋のカレーライスが美味しい」という話があります。理由は、日本人に親しみのある「そばつゆ」と「だし」が利いているからだそうです。

私が経営するテレワークマネジメントという会社は、日本初のテレワーク専門コンサルティング会社です。業務改革、ITシステムの導入、就業規則の改変、社員教育など、総合的に支援するなか、ICTツールの運用がテレワークの成功に大きく影響することを実感しています。そこで、自分たちが利用し、運用ノウハウを積み上げてきたツールのみ、販売しています。あくまでもコンサルティングがメインですので、押し売りをすることはありません。ツールはその名のとおり道具でしかありません。課題解決のために、どういう機能を使って、どう工夫し、どう運用するかが重要です。そば屋のカレーライスが美味しいのと同様に、「コンサル屋のツールは本物」を目指しています。

長い前置きをしてしまいましたが、「安心して働くためのマネジメントツール」を探してもなかったので、自社で開発して販売しています。社員が「いつ」「どこで」「どんな仕事」をしているかを把握しつつ、社員が安心して働くことができるツール「F-Chair＋（エフチェアプラス）」です。

「F-Chair＋」の基本機能を簡単にご紹介しましょう。

・「出社／退社」ではなく「着席／退席」ボタン

これからの時代は、朝会社に出社し、ずっと会社で仕事をして、夕方退社できる人が少なくなります。子育てや親の介護と仕事の両立、副業・兼業と本業の両立のために、中抜けを可能としつつ、働く時間のみを記録します。

・本人の意思で「着席」「退席」を押す

システムの自動判別ではなく、社員が自ら「着席」「退席」ボタンを押すことで、本人が「仕事をしている」と主張している時間が明確になります。

・「着席中」のときのみ、パソコンの画面を保存

社員が「仕事をしている」としているときのみ、ランダムに画面を保存します（1時間に6枚程度）。「退席中」のときは、画面は保存されません。

・働く時間や場所、仕事の画面をウェブページで確認できる

画像はサムネイル（縮小版）の一覧で確認するので、一目で仕事の様子を確認できます。

「仕事画面を保存する」と聞くと、監視目的と思われがちですが、そうであれば、保存頻度を少なくしたり、画面をぼかしたりはしません。

例えば、エレベーターの監視カメラは、通常は記録するだけですが、事件が発生したら調べられるので、事件を抑制する効果があります。F-Chair+も同様に、仕事中の適度

[図表23]　F-Chair+での管理者側の画面

山田花子
(8時間23分)
着席中の画面は
ぼかしが入っていて
詳細は見えない
在宅勤務でも
いつもどおり。
報告書は不要
退席中の画面は
保存されないよ！
安心して
在宅勤務
してもらえる
一人ひとりの
仕事ぶりが
見える！
社員
社員
上司

な「緊張感」を保つことを目的としています。これにより、テレワーク時の「オン・オフが切り替えにくい」という課題にも効果があります。「着席」を押すと、「さあ、仕事だ」と緊張感をもって仕事に取り組み、「退席」を押すと、「終わった！」と開放感を感じつつ、プライベートの時間になります。

私は、「F-Chair+」は、羊の話における「柵」の役割をすると考えています。あるF-Chair+利用企業は、「朝5時から夜10時の間、8時間働く」というルールを設定しています。その企業の社員は、この「柵」の中で、柔軟に家族の世話やほかの仕事をすることができます。

[図表24]　F-Chair+での出勤・退勤

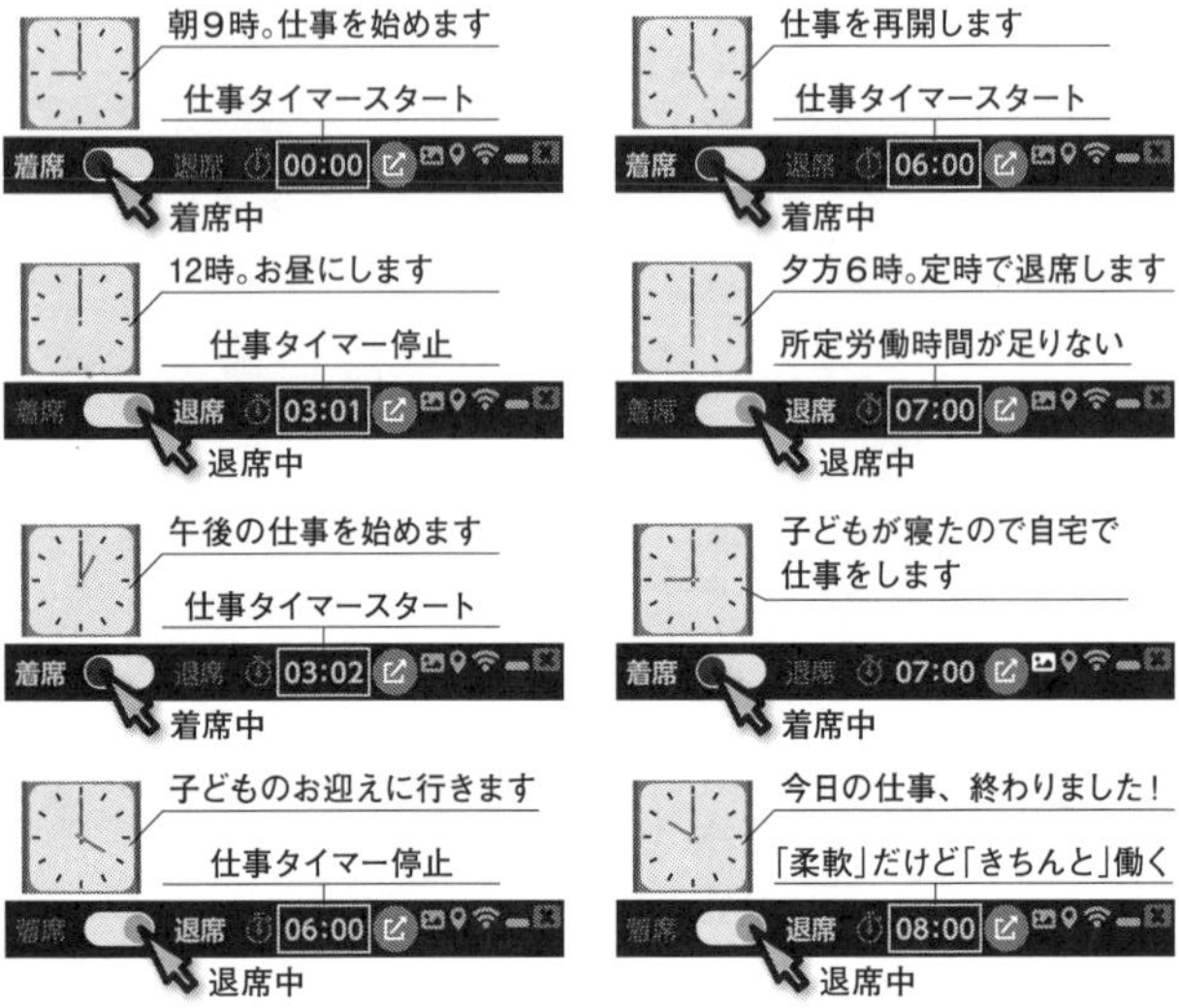

ただし、オフィスにいるときと同様に、8時間はしっかり働きます。

ちなみに、弊社は、朝9時から17時半の7時間半は基本的にバーチャルオフィスに出社して働きます（昼休憩1時間あり）。所用で中抜けが必要な場合は、「F-Chair+」で「退席」できます。子どものお迎えで1時間退席した場合、終業時間を1時間遅くすれば問題ありません。またその日にカバーできない場合は、「欠勤」にすることも、「時間有給」にすることも、「夜、子どもが寝てから1時間在宅勤務」することもできます。

［図表25］　子育て中のT社員の、ある日の勤怠連絡（Workplaceより）

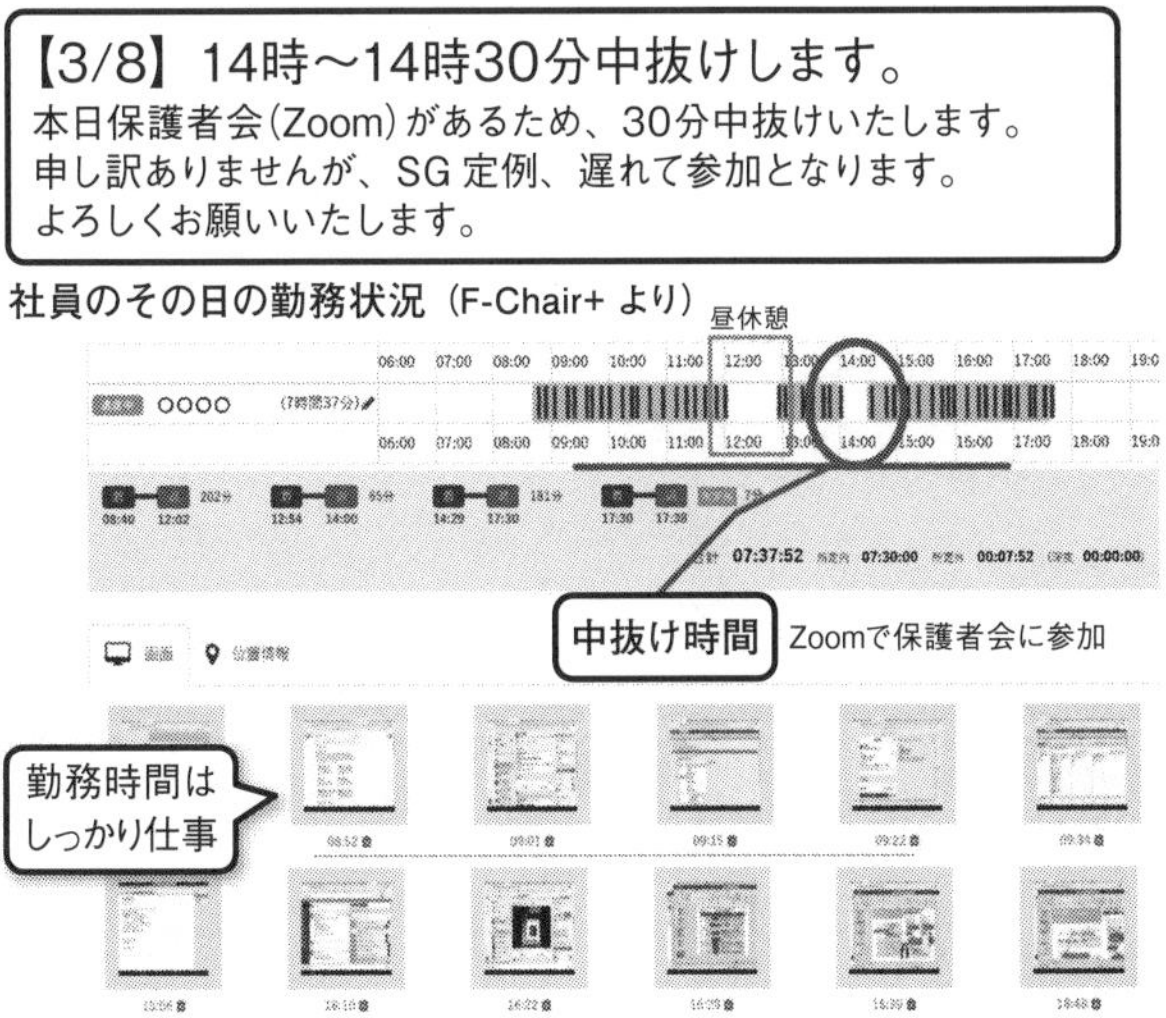
【3/8】14時～14時30分中抜けします。
本日保護者会(Zoom)があるため、30分中抜けいたします。
申し訳ありませんが、SG定例、遅れて参加となります。
よろしくお願いいたします。
社員のその日の勤務状況（F-Chair+ より）
昼休憩
中抜け時間
Zoomで保護者会に参加
勤務時間はしっかり仕事

ここで大切なことは、オフィスで働いているときと同様に、きっちり時間管理をすることです。上司や経営者の「子育て中で在宅勤務だから、1時間ぐらい抜けてもいいよ」という対応は、一見優しいようですが、職場がギクシャクしたり、甘えが出てきたりすることがよくあります。

《コラム》30分の中抜けで保護者会に出席

コロナ禍のある日、子育て中の社員から、ホウレンソウツール「Workplace」に、「保護者会のため30分中抜けします」という投稿がありました。すぐに「保護者会がZoomで？　中止するより断然いいですね」「町内会の会議もZoomでやりました」など、ほかの社員から驚きのコメント。本人からは「保護者会で半休取っていた頃より楽になりました」という返事も。これが「雑談」の始まりですよね。

「F-Chair+」でその日の様子をのぞいてみると、ちょうど30分中抜けしていました。でも、その分長く働いて、会社的にはまったく問題がありませんでした。ポストコロナになっても、保護者会はZoom開催され、社員はテレワークの合間に出席できるといいですね。

《コラム》つながらない権利

「つながらない権利」という言葉を聞いたことはありますか？　時間外・深夜・休日に、上司から仕事のメールやメッセージが届いたとき、すぐ返信できそうな場合は、対応してしまうことってありますよね。でも、仕事の時間としては認めらないケースがほとんどです。テレワークになってオンラインでの連絡が取りやすくなった弊害の一つかもしれません。

そこで、業務時間外は、上司は連絡してはだめですよ、部下は対応しなくていいですよ、というのが「つながらない権利」です。

テレワークが世界的に広がって、「つながらない権利」を法制化する国が増えています。ポルトガルでは、2021年11月、勤務時間外に連絡をすることを法律で違法としました。違反した企業には売上に応じて罰金が科される場合もあるそうです。

日本の「テレワークガイドライン」にも、長時間労働対策として「役職者、上司、同僚、部下等から時間外等にメールを送付することの自粛を命ずること等が有効である」という記述があります。

「終業時間後にメールをしたのに返信がなかった」「休日に留守番電話にメッセージをしたのに折り返しがなかった」といったことを理由に評価を下げるようなことは避けなくてはなりません。

ちなみに「Workplace」には、時間を指定して投稿できる機能があります。私は土日に仕事をすることがあり、部下に指示を送りたいときは、この機能を使います。時間指定の初期値として「次の営業日の朝9時」が設定されているのが、とても便利。「かゆいところに手が届く」機能ですね。

テレワークの就業規則と運用ルールをつくる

テレワークを導入する場合、「就業規則」を変更する必要があります。「テレワークガイドライン」にも、「テレワークを円滑に実施するためには、使用者は労使で協議して策定したテレワークのルールを就業規則に定め、労働者に適切に周知することが望ましい」と記載されています。テレワーク就業規則の変更に加え、テレワーク勤務規程の変更が必要なのです。

変更にあたっては、「就業規則」の附則として「テレワーク規程」をつくるところが多くあります。「本則」には「テレワークの場合の労働条件は、テレワーク勤務規程によるものとする」などの記載をし、詳細は「テレワーク規程」に記載します。

「テレワーク規程」には、テレワーク勤務を許可する場所、日数、対象者や移動時間の取り扱い、申請方法などを明記します。また、始業・終業の時間を変更できること、中抜け時間を休憩とするか仕事とするかの取り扱い、テレワーク時の光熱費などの費用負担についても記載します。

就業規則とは別に、社員向けに、テレワーク時の具体的な運用ルールをまとめた資料を用意するといいでしょう。「テレワーク運用手引き」「テレワークハンドブック」のようなイメージです。そこには、始業・終業の記録方法、コミュニケーションの取り方、トラブル時の対応など、テレワークを円滑に運用するポイントやQ＆Aなどを記載します。セキュリティに関しては「テレワーク時のセキュリティチェックリスト」を作って、社内でしっかりと共有することをおすすめしています。

時間あたりの成果を評価軸にする

「テレワーク時の人事評価はどうすればいいのですか?」というご質問をいただいたとき、まずは、今の評価をどのようにしているかを確認します。これまで多くの企業の評価手法をうかがってきましたが、大枠だけ決めて管理職の采配に任せているところもあれば、細かく評価項目を定め、評価を数値化し、システムで細かく評価している企業もあります。ただ、共通しているのは、「足し算」の評価であるということです。

社員の「成果」も見ています。働いている「時間」も見ています。そして、「行動」も見ています。「成果」＋「時間」＋「行動」で、総合的に評価をする、というものです。

しかし、これからは、長い時間、連続して働ける人が少なくなります。子育て、親の介護、副業・兼業など、一つの会社に出社して、朝から晩まで働くことが珍しくなるかもしれません。テレワークをする人も増えるでしょう。

これに対し、従来どおり「足し算」の評価をすると、働く時間が短い人が不利になります。さすがに残業が多い人が有利にはならないと思いますが、毎日夜遅くまで頑張っている姿を目の当たりにすると、「行動」評価が高くなる可能性はあります。

テレワーク時代の適切な評価方法は、「成果」と「時間」を「足し算」にするのではなく、「割り算」を取り入れるべきと、私は考えています。「成果」＋「時間」の部分を、「成果」÷「時間」で評価する、つまり、社員の「時間あたりの生産性」を評価軸にするということです。

例えばある業務に、子育てで短時間勤務のAさんは6時間をかけているとしましょう。一方フルタイム勤務のBさんは、同じ仕事に8時間かかっていたらどうでしょうか。会社として、どちらを高く評価し、どちらに高いお給料を払いたいでしょうか。私ならAさんに払いたいです。そして、Bさんには「より効率よく業務をすれば、評価が高くなります」という方針を伝えます。これまで長く働くほうが、残業代が増えると考えていた社員は、仕事の仕方を変えざるを得ませんね。

この評価方法は、テレワーク時であっても同じです。先のテレワークガイドラインでも、「オフィス勤務とテレワークで評価を変えてはいけない」と明記されています。

また、「評価」÷「時間」で評価するためには、テレワークでも「時間」を数値化する必要があります。分母の数値が不明では、割り算は成り立ちません。

《コラム》テレワークでもフェアな賃金制度

10年ほど前、社員から「出社する社員と在宅勤務をする社員が、同じ賃金制度なのは不公平ではないか」という意見がありました。話をよく聞いてみると「通勤にかかる負荷」についてでした。出勤者は朝早く自宅を出て、満員電車に乗って通勤しています。しかし通勤時間は業務時間ではないうえに、肉体的な負担がかかります。これに対し、在宅勤務者は、その負担がありません。確かにそのとおりだと思いました。厚生労働省からは、在宅勤務だからといって給与を減額してはいけないといわれています。出社であろうが自宅であろうが、同様の業務をするのですから当然です。しかし、「通勤」については、明らかに出勤者に負担がかかっています。

そこで、弊社では、2012年からフレックス賃金制度を導入しました。テレワーク

[図表26]　フレックス賃金制度の基本的な考え方

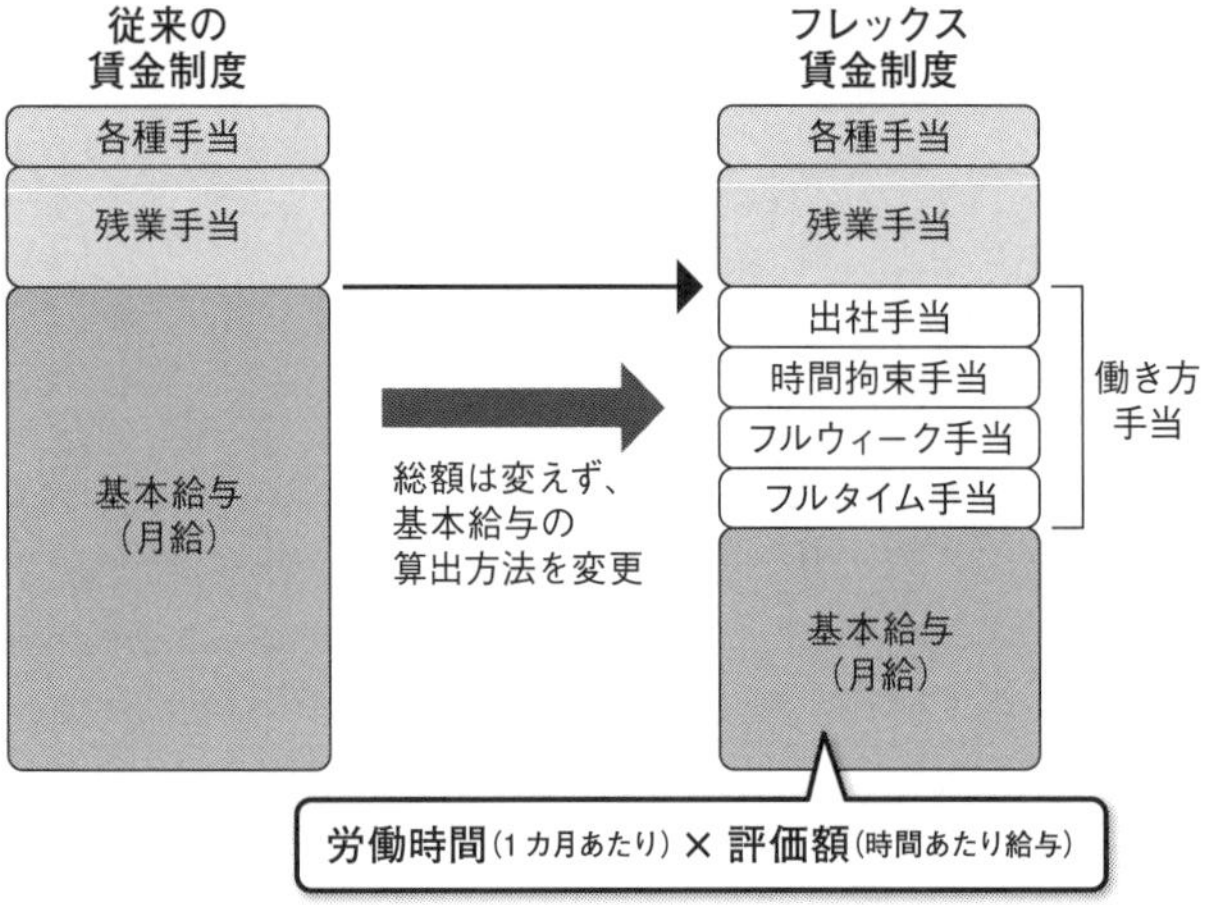

専用の制度ではなく、全社員に適用する制度です。また、テレワークに限らず、短時間勤務や週3日勤務など、さまざまな働き方に対応できるように独自につくり上げたものです。フレックス賃金制度の基本的な考え方は、次のとおりです。

・社員を「時間あたりの生産性」で評価し、「時間あたりの評価額」として数値化する
・社員が1カ月働くことができる「時間」×「時間あたりの評価額」を基本給とする
・基本給とは別に、「働き方手当」を支給する

「働き方手当」には、「出社手当」「フルタイム手当」「フルウィーク手当」「時間拘束手当」といったものがあります。月曜日から金曜日まで出社し、決まった時間、フルタイムで働けば、これらの手当がすべて支払われます。つまり、従来の働き方と同じです。

例えば、ある社員がパートナーの転勤で完全在宅勤務となった場合は、出社手当がなくなります。その分、給与が減ることになります。ただ、業務に対する評価「評価額」基本給は変わりません。在宅勤務でも「時間当たりの生産性」を高めれば、「評価額」が上がります。パートナーの転勤から戻って再び出社になれば出社手当が支給され、転勤以前より昇給していることになります。

弊社は、このフレックス賃金制度により、出勤とテレワークの賃金面での「フェア」を実現することができています。

《コラム》ジョブ型雇用と成果主義

テレワークでは「働く時間を把握しにくい」「プロセスが見えず評価しにくい」などを理由に、仕事内容を明確にして、その成果を評価して報酬を払うほうがいいのでは、という意見が少なくありません。仕事を明確にしてその報酬を払う「ジョブ型雇用」や、働く時間ではなく成果で評価する「成果主義」です。

しかし、本書でもお話ししているように、テレワークでも働く時間を把握することができます。テレワークでもホウレンソウのデジタル化により業務プロセスを（以前より）見える化できます。

ではなぜ、そのような意見が出るかというと、労働時間に対して報酬を払うという、日本の制度が古くなっているからです。工場での作業などの労働が中心だった時代と異なり、今はホワイトカラーの労働者が増えたことで、時間ではなく成果で評価すべきという意見が出てきました。ただ、日本は、チームで仕事をすることが基本で（メンバーシップ型）、労働者一人ひとりの成果が見えにくいのも事実です。そこで、社員の仕事を明確化して雇用する「ジョブ型雇用」が注目されています。一人ひとりの業務が明確になれば、成果を評価しやすくなります。

しかし、このことは、以前から議論されていたことです。コロナ禍で「テレワーク」をする人が増えたことが、その流れを進める理由とされているように私は感じています。

繰り返しになりますが、働く人が減り、子育て・親の介護・副業兼業が増え、働く時間の確保が難しくなる状況で、「成果」のみを評価することは良い結果を招きません。

メンバーシップ型からジョブ型へ移行を始めている大手企業がありますが、時間がかかるのではと私は予測しています。

ジョブ型雇用は、ポストという「椅子」に値段をつけ、その椅子に座る最適な人を募集・採用するものです。これに対し、日本では、すでに雇用している「人」に値段がついています。ジョブ型と称して「人」に「ジョブ」を割り当てたとしても、本来のジョブ型雇用とは異なるのではないでしょうか。たとえ今後の新規採用をジョブ型雇用に切り替えるとしても、会社全体が変わるには、相当の時間がかかるでしょう。

これまでの日本の働き方である「メンバーシップ型」の良い点を活かしつつ、「ジョブ型雇用」には焦らず取り組んでいくことが必要だと、私は考えています。また、成果主義についても、前述のように「成果÷時間主義」とすることで、働く人が適切に評価され、その結果、企業の生産性も高まる働き方が広がることを願っています。

［第6章］

テレワークが当たり前になる社会へ日本型テレワークが企業・働く人・社会全体のウェルビーイングを実現する

テレワークで、社会の組織も柔軟に

テレワークは、「働き方」にしか過ぎません。しかし、個人の働き方が大きく変われば、企業が変わり、そして、社会も変わります。個人が自らの仕事効率を高めることで、企業全体の生産性が向上し、結果として、国の経済を活性化させます。

また、「働き方」だけでなく、テレワークで「デジタル化」が進むことも、この変化に大きく寄与します。情報の伝達・共有により、今後はあらゆる組織構造が進化するのではと、私は考えています。これまで、口頭や対面、書面を前提に構築されていた組織のコミュニケーションが、会社全体でデジタル化されたことで、時間がかかっていた合意形成のプロセスが不要になります。

以前、社員一人ひとりがフラットに働く組織が注目されましたが、それとは少し違います。本書で繰り返してきたように、日本はチームで仕事をすることがベースにあります。これを、無理やり個人ベースに移すのではなく、チームを大切にしつつ、スマートな組織体系にすることが、これまで述べてきた「日本型テレワーク」の最終ゴールであると考えます。

これまでピラミッドが高かった組織が、情報の伝達・共有がデジタル化されたことで低くなり、組織自体がスマートになるというイメージです。多くの組織がスマートになれば、企業・働く人・社会の「余白」が生まれ、ウェルビーイングな社会の実現が可能になります。

第6章では、日本型テレワークが広がれば、どんな社会になるかを想像していきたいと思います。

オフィスは働くためのプレミアムな場所へ

テレワークが当たり前になると、オフィスが変わります。

これまで、オフィスは、社員全員が集まる場所でした。「会社」を「会う社（やしろ）」と書くのは、まさにそのとおりでした。しかし、テレワークをする人が増えれば、社員全員分の机と椅子、事務用品などを揃える必要はありません。

社員はそれぞれ、今、最も高いパフォーマンスで働ける場所で仕事をしています。そのなかで、これからのオフィスは「プレミアム」な場へと進化します。仲間と会えるプレミアムな場所、お客さまに製品をじっくりご紹介できるプレミアムな場所、最新の設備が揃うプレミアムな場所、あるいはランチを無料で食べることができるプレミアムな場所かもしれません。

オフィスの設備も大きく変わるでしょう。コミュニケーションを深めるためのオープンなスペースがあり、端には、オンライン会議のための防音個室がズラリと並んでいるかもしれません。カフェテラスやレストランが、食事をしながら雑談をしやすいレイアウトになっているかもしれません。テレワークだからといって、オフィスがなくなるのではなく、より魅力的な「行きたくなる」オフィスに変化していくでしょう。

仕事と休暇を切り替えるワーケーション

テレワークが広がるなか、「ワーケーション」が注目されるようになりました。ワーケーションとは、「ワーク（仕事）」と「バケーション（休暇）」を組み合わせた造語です。観光地や帰省先などでテレワークを活用し、働きながら休暇を取る過ごし方をいいます。

「仕事」と「休暇」は本来両立しないものでした。しかし、「テレワーク」であれば、同じ場所で「仕事」をして、「休暇」を取ることができるのです。一方、同じ「時間」には、同じできません。仕事をしているのか、遊んでいるのか分からない状況になってしまうと、ワーケーションは企業にはなかなか広がらないと、私は思っています。

ワーケーションの分類方法はいろいろありますが、私の分類の仕方をご紹介しましょう。

まず、企業に属する社員の「雇用型」と、企業に属さないフリーランスの「自営型」に分けます。これは、テレワークの分類と同じ考え方で、フリーランスは「働く場所と時間」を選ぶことができるので、ワーケーションはもともとしやすい状態です。これに対し、「雇用型」は、企業が認めないとワーケーションはできません。

そして「雇用型」は、「仕事型」と「休暇型」に分けることができます。社員研修や企業のCSRを目的に実施する「仕事型」と、社員が長期休暇を取りやすくすることを目的とし、旅先で仕事をする「休暇型」です。仕事型では、行き先を決め出張費用を負担するのは会社です。一方休暇型は、社員が行き先を決め、旅行費用を負担します。ビジネスや地域活性化としてワーケーションを推進する場合、どちらをターゲットにするかが重要なポイントです。

……という話を、以前はしていたのですが、コロナ禍を経て、「どこでも仕事ができるテレワーク」を実施する企業が現れました。すると、どちらかに重点を置くのではなく、「いつもの仕事をきっちりしつつ、仕事以外の時間をその地域で楽しむ」ワーケーション

［図表 27］　ワーケーションの分類

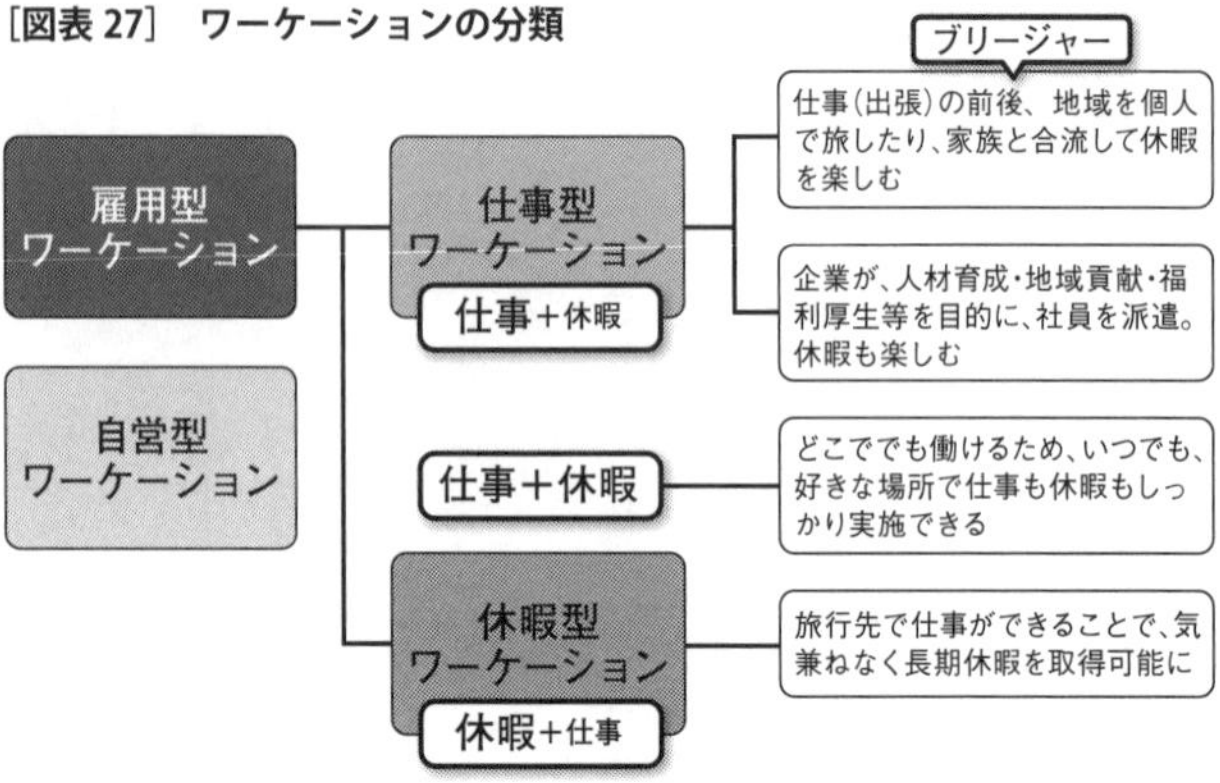

が現実になりました。全国各地の家に定額で住むことができるサービスも登場。都市部の会社に勤務しながら、全国を転々として地域を楽しむことが夢ではなくなりそうです。

《コラム》水戸黄門はワーケーションだった？

テレビで「水戸黄門」の再放送を見ながら、「水戸黄門ご一行は、ワーケーションではないか？」と思いつきました。その理由は次のとおりです。

・全国、津々浦々の地域を訪問している（北海道から鹿児島まで）
・訪問地域で仕事をしている（世直しという仕事）
・訪問地域の産業を詳しく視察している（漆塗りとか染め物とか伝統工芸）

・訪問地域の美味しい食やお酒を楽しんでいる（特にうっかり八兵衛）
・訪問地域で住む人たちと、交流をしている（町民の家族多し）
・訪問地域に到着してから宿泊場所を探している（アドレスホッパー⁉）
・訪問地域の地域課題を解決している（この紋所が目に入らぬか！）

そして何より、ご一行が、仕事と休暇を楽しんでいるということ。さすがにＩＣＴは活用していませんが、江戸時代からワーケーションをしていた水戸黄門は、さすが天下のご老公。現代にタイムスリップして、ぜひ次のセリフを発していただきたいですね。

『それでは助さん、格さん、ワーケーションに参りましょうか』

デジタル田園都市を支えるテレワーク

２０２１年、岸田文雄内閣において「デジタル田園都市国家構想」が掲げられました。地方における豊かな暮らしを実現するため、今後さらに力を入れ、さまざまな施策を展開します。

しかし、どんなにすばらしいデジタル田園都市ができても、そこに人がいないと意味がありません。これまで、都市に集まっていた「仕事」を、地方に暮らしていてもテレワークでできるようになって初めて「移住」「定住」が現実的になります。

本書でも繰り返しお話ししてきたように、切り出した仕事を地方在住の人が担当するテレワークだと、移住した人の給与が下がったり、やりがいがなくなったりして、企業にとっても、働く人にとっても良い結果になりません。東京はもちろん、全国各地の仲間とフェアに仕事ができるテレワーク環境を企業が整備することが、地方創生の重要な要素であることを忘れてはいけません。

企業が適切なテレワークをすることにより、企業は、より良い人材を全国から得られることになります。働く人は、地方にいながら、都市部の賃金レベルのお給料を稼ぐことができ、豊かな暮らしをすることができます。そして、その人は、稼いだお金を地域で消費し、地域で子育てをし、地域で社会参加をします。地域にとっても、貴重な人材を得ることになります。これが、テレワークによる「地方創生」の理想の形です。

仕事を求めて地域を離れた人が戻り、さらに新しい人が集まれば、デジタル田園都市は、まさに理想の暮らしを実現できるでしょう。

《コラム》地方で暮らす幸せ

私は、北海道北見市に住んで24年になります。夫の転勤でやって来たので、もともと知り合いは誰もおらず、土地勘はまったくありませんでした。しかし、北見に来て半年ほどで長女が小学校に入学するというとき、学校案内に載っていた「公園リスト」を見て幸せな想像が広がりました。小学校1年生の子が歩いて行ける範囲内に13個もの公園があったのです。3人の娘たちが「今日はひまわり公園に行きたい」「てんとうむし公園に行こうよ」と口々に言い、自然豊かな環境のなかで元気に遊ぶ姿を見て、私は「ここで子育てがしたい」と強く思うようになりました。

「北見のどこが気に入って住んでいるのですか?」とよく聞かれますが、その答えの一つは間違いなく「公園が気に入ったから」なのです。

会社の転勤で北見に赴任した夫は、わずか1年半で東京への異動命令が出ました。普通なら、家族みんなで喜んで東京へ行くのかもしれません。しかし、私たちの選択は違いました。私と子どもたちが北見に残り、夫が一人で東京へ単身赴任することにしたのです。夫も、「北見で子育てをしたい」という私の気持ちと同じでした。そして、なんと8カ月後に夫は北見に戻ってきました。安定した大企業を38歳で退職し、「家族みんなで、北見で暮らす」ことを選んだのです。この決意に至るまでには相当な葛藤があっただろうと思います。実際、その後の苦労を思うと、安易に「都心の会社を辞めて、地方に住むべきだ」とはいえません。しかし、私たちは、北見で3人の子どもたちをのびのびと育てることができ、豊かな自然のなかで、旬の美味しい食を満喫する暮らしができたことを本当に良かったと思っています。

でも、これからの時代はテレワークがあります。企業を辞めることなく、地方で暮らす幸せを選択できるようになるのです。

テレワークで「まちづくり」が変わる

令和3年3月1日付で、私は、国土交通省から国土審議会委員に任命いただきました。「テレワークの推進」しかやってこなかった私がなぜ？と最初は思ったのですが、テレワークが普及すれば、働き方が変わり、暮らしが変わる。人々の暮らしが変われば、まちづくりも変わる。そう考えるとワクワクしてきました。では、テレワークが進むことで、まちにどんな変化が起こるのでしょうか。

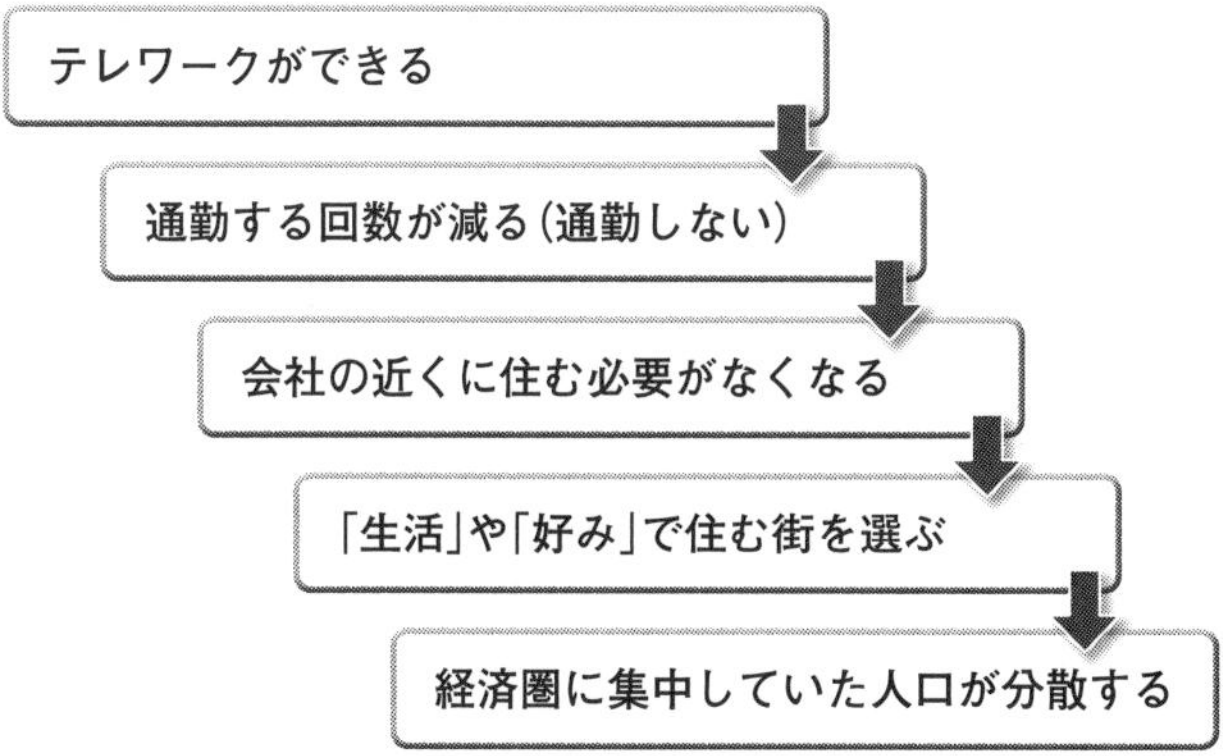
テレワークができる
通勤する回数が減る(通勤しない)
会社の近くに住む必要がなくなる
「生活」や「好み」で住む街を選ぶ
経済圏に集中していた人口が分散する

テレワークが進むと地方が活性化するという話はよく言われていますが、人口が分散されるという意味では、都市部の満員電車や渋滞、待機児童や老人施設不足など「都市」の課題も緩和されます。

一方、都市の周辺地域はどうでしょうか。都市へ通勤する人が多い、いわゆるベッドタウンは変わります。テレワークで昼間人口が増えることで、店舗、飲食店の利用促進、またそれに伴う地域での起業など、経済活性化にも寄与するでしょう。

《コラム》ネットとリアルが融合する街

テレワークが当たり前になったら、街はどうなるでしょうか。地域に人が戻ってくるには、仕事だけでは不十分です。暮らす以上、教育・医療・

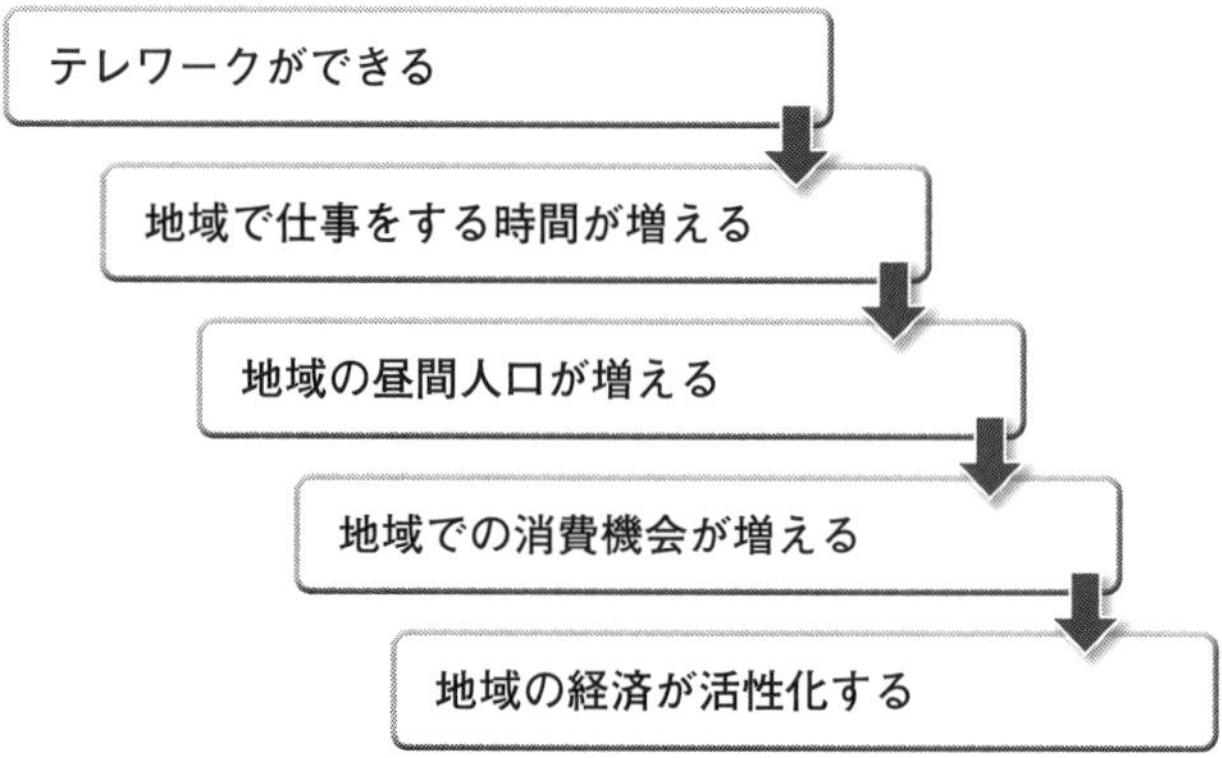
テレワークができる
地域で仕事をする時間が増える
地域の昼間人口が増える
地域での消費機会が増える
地域の経済が活性化する

行政・介護など、総合的な機能が求められるでしょう。私が想定する「デジタル田園都市」は、自然豊かな地域にある10万人程度の街です。実は、私が生まれ育った奈良県生駒市も、今私が住んでいる北海道北見市も10万人強の都市で、どちらも規模的に暮らしやすいと実感しています。ただ、その規模の都市はたくさんありますし、すべての機能・施設を用意するのは現実的ではありません。そこで、デジタルの登場です。ネットでできることはクラウドで実現し、リアルの施設を最小限にするにはどうすればいいか。また、街の人たちが利用しやすくするにはどうすればいいか。妄想を絵にしてみました。

学校の場合、地域の学生たちは、街の中心に

［図表 28］　デジタル田園都市

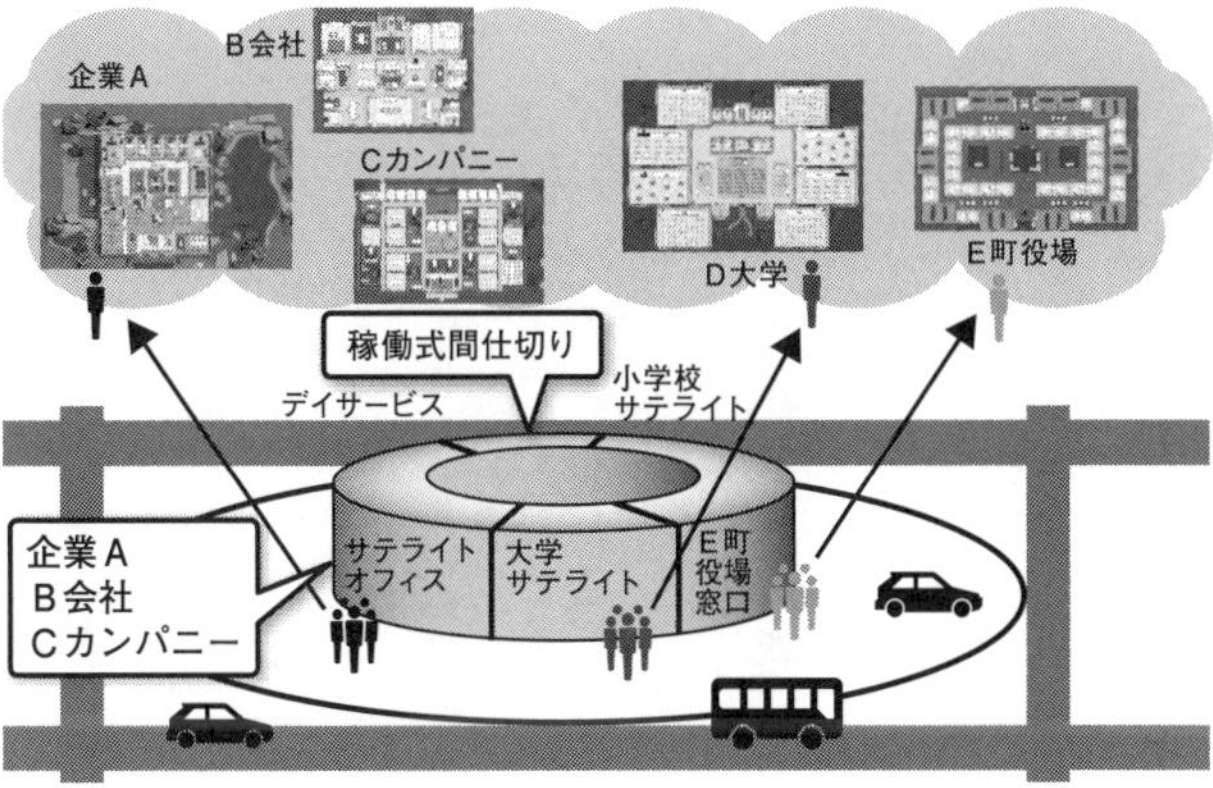

あるリアルの「サテライト学校」に通学します。そして学生は、そこから、各自が通うクラウド上の学校に登校。授業を受けたり、全国の仲間と雑談したり、先生に質問に行ったりします。一方で、給食はリアルの「サテライト学校」の仲間と食べます。部活もリアルの仲間と一緒にチームをつくっています。

この施設には、学校だけでなく、サテライトオフィスや役所の窓口や介護サービス施設もあります。円形なので、街の規模やニーズに合わせてスペースを変えることができます。また、中庭は、世代を問わず街の人たちと交流する場となります。

企業戦力としての障がい者雇用

日本では「障害者雇用促進法」という法律で、企業はある一定数の障がい者を雇用しなくてはならないと定められています。民間企業に義務付けられている法定雇用率（雇用する労働者に対する障がい者の割合）は「2・3％以上」です。この数字は徐々に引き上げられてきています。従業員が43・5人以上いれば、少なくとも1人の障がい者を雇用しなければならないということです。さらに100人を超える会社は、法定雇用率を下回ると「納付金」を納めなければなりません。納付金は不足する人数に応じ、一人あたり月額5万円です。

障がい者の雇用は社会全体の課題であり、企業も含めて取り組むべきことです。しかし、中小企業にとって、障がい者の雇用も納付金も大きな課題となっているのも事実です。

障がいの特性から、通勤や職場定着が難しい人は少なくありませんが、テレワークなら、会社に勤務にする負担がなくなり、能力を発揮して長く働くことができます。

また、企業が集中している東京では、雇用できる障がい者が不足するという現象も起こっています。一方で、地方には就業できていない障がい者が多いという問題があります。東京の企業が地方の障がい者を雇用しテレワークで働いてもらうことができれば、企業の負担の軽減と障がい者の雇用機会の拡大を実現できるのです。

特に、車いすなど、移動が難しい障がいがある方にとって、通勤は大きな負担になります。また、精神障がいの方のなかには、大勢の人のなかにいると不安を感じたり、音やにおいなどに敏感で、オフィスでの勤務が難しい人もいます。身体障がいであれ、精神障がいであれ、働く意欲のある人は、環境さえ整えることができれば企業にとって戦力になります。

障がい者雇用のハードルの一つは、「仕事を切り分けるのが難しい」ということだと思います。しかし、「いつもの仕事」をテレワークでできるようにしてあれば、そのハードルはかなり下がるはずです。障がいの特性によって配慮は必要ですが、できるだけ「いつもの仕事」をテレワークでやってもらうほうが企業にとっても負担がなく、障がいがあっても、健常者とともに働くことができます。

《コラム》アンデルセンのパン

「ＩＴ業界で『アンデルセンのパン生地』を見つけたい」

そう思ったのは、2000年初め頃。「クロネコヤマトの宅急便」の生みの親である、故・小倉昌男氏のインタビュー記事を読み、心を揺さぶらされたからです。

国と激しく戦い、新しいビジネスだった「宅急便」を実現させた敏腕経営者が、障がい者の給与が「1万円」であることに怒りを覚え、障がい者でも「10万円」を稼ぐことができる仕組みをつくり上げたという話でした。

その仕組みのポイントは「アンデルセンのパン生地」でした。人気のベーカリー「アンデルセン」の冷凍パン生地であれば、誰でも美味しいパンを焼くことができる。障がいがあっても焼くことができる。美味しいパンが売れれば、焼く人の給料が払える。そして、生まれたのが「スワンベーカリー」です。

あるネットの記事では、小倉氏のこんな言葉が残されています。

「『スワンベーカリーで働くようになり、月給10万円をもらうようになって、顔つきが変わりました』。そう親御さんに喜ばれました。いままでめったに笑わなかった子が、スワンで働くようになって、始終笑顔を浮かべている」

（ダイヤモンド・オンライン『小倉昌男のもう一つのイノベーション』）

この経験から、弊社は「テレワーク」での障がい者雇用のコンサルティングにも早くから取り組んできました。しかし、まだまだ道半ばでもあります。法定雇用率を守ることだけを目的に、障がい者雇用を進める企業は少なくありません。障がいのある人もやりがいを感じ、企業の戦力になるテレワークを実現できる「アンデルセンのパン生地」探しはまだ諦めていません。

テレワークできない仕事はいつかなくなる

企業がテレワークを導入しないいちばんの理由は「テレワークできる仕事がない」というものです。確かに、今の時点では、接客・製造・現場仕事など、物理的にテレワークがしにくい仕事は少なくありません。

ただ、最近はロボットを活用して自宅から接客をしたり、自動運転の車を遠隔操作したり、会社から無人店舗にいるお客さまのリモート対応をしたり、最新技術を活用することで、さまざまな形のテレワークが可能になっています。

とはいえ、さすがにマッサージ師さんはテレワークできないよね、と思っていました。ところが、２０１３年頃に、アメリカのマサチューセッツ工科大学で研究されている動画

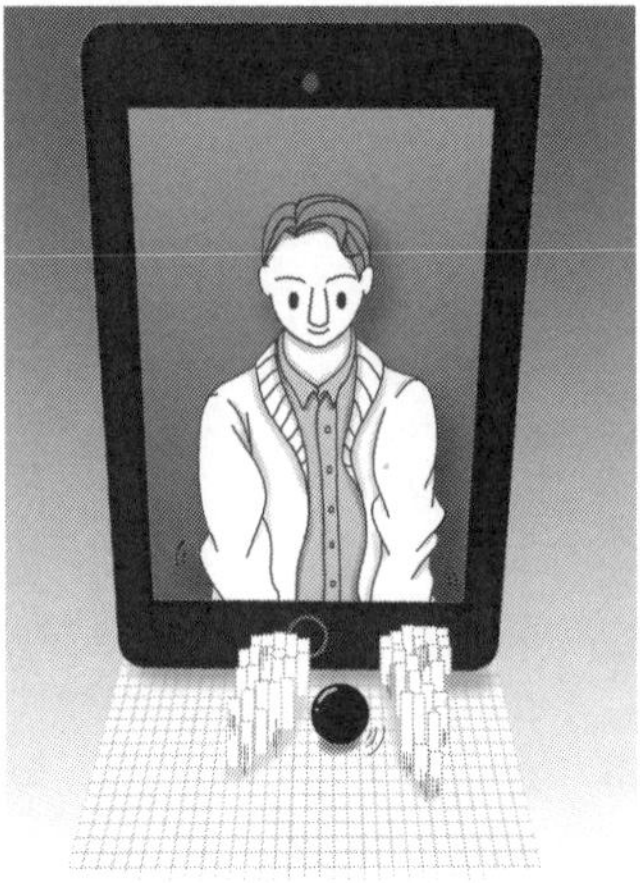

を見て考えが変わりました。それは、タブレットの中にいる人が、赤いボールを手で転がしている映像でした。実際にボールを転がしているのは、木のブロックのようなものですが、技術が進歩すれば、マッサージ師さんのテレワークだってあり得るのではないか、と思えてきたのです。今「テレワークできない仕事」も、いつかできるようになります。

本書を読んでいただいている方で「これはできない」という仕事があったとしたら、諦めるのではなく、「何があればできるか」まで想像を広げて、知恵をしぼってみてください。

日本の未来を救う「日本型テレワーク」とは

本書では、冒頭に書かせていただいた「テレワークの本質」に向き合いつつ、さまざまな視点から「日本型テレワーク」が目指すべき働き方について書かせていただきました。

あらためて、まとめさせていただきます。

「日本型テレワーク」とは、欧米の真似ではない、日本のさまざまな課題を解決できるテレワークです。それを実現する具体的なポイントは、次の5つです。

・働く時間や場所が同じでなくても、チーム業務を効率よく進めることができる
・企業が社員の働く場所や時間を把握し、社員が安全・安心に働くことができる
・働く人が自分の判断で、最もパフォーマンス高く働くことができる
・仕事のやりがい、評価、賃金など「フェア」に働くことができる
・仲間との信頼と協力により、チームで成果をだすことができる

そんな「日本型テレワーク」が当たり前の社会になれば、企業も、働く人も、社会も、幸せであり続けることができると、私は信じています。

おわりに

「テレワークなんて、夢物語。事業とはいえません！」

融資担当の銀行員が冷たく言い放ちました。

１９９８年10月、企業経営と無縁の私が「会社に毎日通わなくても、しっかり働ける会社をつくりたい」という強い思いで設立したのが株式会社ワイズスタッフです。１９９７年に楽天、サイボウズ、１９９８年サイバーエージェント、１９９９年ディーエヌエーと名だたるＩＴ企業が創業した時期でもありました。ワイズスタッフは、なんとかＩＴバブルの崩壊やリーマンショック等を乗り越えたものの、黒字と赤字を繰り返していました。貯金を使い果たし、親にも借金をしているという厳しい時期もありました。そうして融資を申し込んだ私に銀行員が言ったのが冒頭のセリフでした。

「テレワークは、日本に必要な働き方です。国も推進しています。今は厳しい状況ですが、テレワーク事業を進めて業績を挽回させます」

私の言葉は、負け犬の遠吠えのように聞こえたに違いありません。

しかし、冒頭の言葉は、その後の私の「テレワーク」推進の原動力となりました。

２０２０年、新型コロナウイルス感染防止対策として、テレワークは多くの人に知られることになりました。多くの人が感染し、命を落とされた方も少なくありません。幼い頃、「人の命を救う仕事をしたい」と思っていた私は、「自分の仕事を通じて人の命を救えるかもしれない」という一心で、ネットの動画サイトやＳＮＳを通して、「緊急でもできるテレワーク」の情報を発信し続けました。

この原稿を執筆している２０２２年1月現在、新型コロナウイルス対策として、ワクチン接種や新しい飲み薬の登場などが報じられていますが、まだまだ先が見えない状況です。そんななか、テレワークをさらに進める企業がある一方、テレワークを止めたり、出社頻度を上げたりする企業が増えてきたのも事実です。

テレワークの課題にぶつかり、テレワークを諦めようとしている企業の方に、今一度、テレワークの本質を知っていただき、テレワークを進めていただけたらと、本書を執筆することにしました。

最後までお読みいただき、ありがとうございました。

２０２２年1月　田澤由利

田澤由利（たざわ ゆり）

北海道北見市在住。上智大学卒業後、シャープ(株)でパソコンの商品企画を担当。フリーライター経験を経て、1998年(株)ワイズスタッフを、2008年日本初のテレワーク専門のコンサルティング会社(株)テレワークマネジメントを設立。民間企業等へのテレワーク導入・活用支援や、国や自治体のテレワーク普及事業等を広く行う。

また年間150本超の講演をしながら、国土交通省 国土審議会計画部会、内閣官房 地方創生テレワーク検討会議、総務省「ポストコロナ」時代におけるテレワーク定着アドバイザリーボードなど、テレワークの新たな普及定着に向けた政策検討会議に参画している。

上智大学非常勤講師。

●最近の主な受賞歴（個人）
2021年　第66回前島密賞
2020年　文部科学省 地方教育行政功労者表彰
2016年　厚生労働省テレワーク推進企業等厚生労働大臣表彰個人賞
2015年　総務省平成27年度情報化促進貢献個人等表彰

テレワーク本質論

企業・働く人・社会が幸せであり続ける「日本型テレワーク」のあり方

二〇二二年一月二八日　第一刷発行

著　者　田澤由利
発行人　久保田貴幸
発行元　株式会社 幻冬舎メディアコンサルティング
〒一五一-〇〇五一　東京都渋谷区千駄ヶ谷四-九-七
電話　〇三-五四一一-六四四〇（編集）
発売元　株式会社 幻冬舎
〒一五一-〇〇五一　東京都渋谷区千駄ヶ谷四-九-七
電話　〇三-五四一一-六二二二（営業）
印刷・製本　中央精版印刷株式会社
装　丁　弓田和則

検印廃止

Printed in Japan　ISBN 978-4-344-93713-0 C0034
幻冬舎メディアコンサルティングHP　http://www.gentosha-mc.com/

本書についての
ご意見・ご感想はコチラ